英語仮定法を洗い直す

開拓社
言語・文化選書
64

英語仮定法を洗い直す

中野清治 著

開拓社

はしがき

　第二次大戦中の日本で，敵性語として疎んぜられていた英語を，逆風の中でも黙々と研究を続けていた英学者たちがいた。彼らの徹底した研究の成果を，終戦から10年後，我が国ではそれ以前にも以後にも見たことのないほどの規模で，世に問う時期がおとずれた。「英文法シリーズ」全26巻（「補遺」を含む：1955年，研究社）の刊行である。

　このシリーズの価値は今なお高く，温故知新と言われるとおり，学ぶべき点が多い。過去完了仮定法に未来時を指示する用法があるのを知ったのは，本書でも何度か引用している同シリーズの第13巻『法・助動詞』を通してであった。とはいえ，当時の文法の枠組みと限られた資料の中での扱いなので，自ら限界もあり，今日の目から見ていささか疑問に感じるような部分もある。例えば，If he *had* a political belief, it *was* a tax on wheat. (Galsworthy [1.3.4]) という文が仮定法の文として扱われている。それが正しければ，If you *knew* she was short of money you *should have lent* her some. (Thomson and Martinet (1988: §222C1(d) [本書 12.4(3c)]) の if 節も仮定法が用いられていることになる。当時の文法に，閉鎖条件という概念がなかったゆえの読み間違いかもしれない。if 節に動詞の過去形が用いられていたら仮定法，というような誤解が今なお続いているとすれば，是正する必要がある。

　幾多の文法書が世に出ていて仮定法も研究し尽くされているように見える今，改めて仮定法を取り上げる理由がある。仮定法の動詞形式とその指示時に（過去仮定法は現在の反事実を表す，といったような）ズレがあることを理解すれば，仮定法を理解したことになると

いう誤解を解きたいからである。上記のようなズレがあることを理解することは重要な基本事項ではあるが，仮定法はそれほど単純な言語現象ではない。ちなみに，過去完了仮定法に未来指示の用法があることを承知している読者は，いかほどおられるだろうか。

別の理由は，仮定法を論じるときに必須のセットとして扱われる条件節について，新たな知見が加えられたからである。Close (1975) は閉鎖条件という用語こそ使わなかったが，仮定法を用いた文に，叙実法で表される閉鎖条件が共起できること（上記2番目の例文）を，巧みな例文によって示した。そのことによって，われわれがそれまで抱いていた条件文の概念を一変させ，同時に，条件節を文の一部として用いる仮定法を覆っていた靄のようなものを一掃してくれたのである。物事は，他の物事と対比，対照，比較することによって，その特徴・特質がいっそう明確に把握できるものである。仮定法も，叙実法との対比において例外ではない。

本書は上述のとおり，条件文の実体を知らなければ，仮定法の本当の姿は理解できないと考え，独立の編として「条件文」を設け，条件節について詳細に検討を加えた。閉鎖条件（closed condition）という用語は，Quirk et al. (1985) が小さな文字で記した注釈の中で紹介した，幾つかある名称の中の一つに過ぎなかった。それを Declerck (1991) が，初めて独立の項目として開放条件（open condition）や却下条件（rejected condition）と対等に扱い，条件文を担う条件節の一種類として，そのあるべき位置に据えたのである。その概念が，仮定法のいっそうの理解に資することは，間違いのないことと思われる。

2016年3月

中野　清治

目　　次

はしがき　*v*

第Ⅰ部
条　件　文

第1章　条件文の構成と条件節
………………………… *2*

1.1. 条件文の構成　*2*
1.2. 条件文と事実性　*3*
1.3. 条件節の種類　*4*
 1.3.1. Onions and Miller (1971) による条件節の分類　*5*
 1.3.2. Hornby (1956) による条件節の分類　*6*
 1.3.3. Quirk et al. (1985) による条件節の分類　*6*
 1.3.4. Declerck (1991) による条件節の分類　*8*

第2章　条件文・条件節の概要
………………………… *11*

2.1. 条件節の時制と帰結節の叙法　*11*
2.2. 条件節を導く語句　*13*
 2.2.1. as long as　*14*
 2.2.2. assuming (that)　*15*
 2.2.3. given that　*15*
 2.2.4. granted (that) / granting (that)　*16*
 2.2.5. if only / only if　*16*
 2.2.6. imagine　*18*
 2.2.7. on (the) condition that　*19*
 2.2.8. once　*20*
 2.2.9. provided / providing　*20*
 2.2.10. say　*21*
 2.2.11. supposing / suppose　*22*
 2.2.12. 〈命令法＋and [or]〉,〈名詞句＋and〉など　*24*

第3章　閉鎖条件
(closed condition)
………………………… *27*

3.1. ［過去］+｛過去｝　*28*
3.2. ［過去］+｛現在｝　*29*
3.3. ［過去］+｛未来｝　*29*
3.4. ［現在］+｛過去｝　*30*
3.5. ［現在］+｛現在｝　*30*
3.6. ［現在］+｛未来｝　*32*
3.7. ［現在(完了)］+｛現在・未来｝　*33*

vii

3.8. ［未来］+｛現在｝ 34

第4章　開放条件
　　　　(open condition)
・・・・・・・・・・・・・・・・・・・・・・・・・・・・・・ **35**

4.1. 叙実法による場合　36
　4.1.1. ［現在］+｛現在｝　37
　4.1.2. ［未来］+｛未来｝　37
　4.1.3. ［未来］+｛現在｝　40
　4.1.4. unless の場合　41
4.2. 仮定法による場合　43
　4.2.1. 原形仮定法を用いて　43
　4.2.2. 過去仮定法を用いて　44
　4.2.3. 過去完了仮定法を用いて
　　　　　　　　　　　　　　45

第5章　却下条件
　　　　(rejected condition)
・・・・・・・・・・・・・・・・・・・・・・・・・・・・・・ **47**

5.1. 過去仮定法　47
5.2. 過去完了仮定法　49
5.3. 仮想条件　50

第6章　間接条件
・・・・・・・・・・・・・・・・・・・・・・・・・・・・・・ **53**

6.1. 非因果条件　53
6.2. 修辞条件　55
6.3. 疑似条件　57

第7章　条件表現に関連する
　　　　諸事項
・・・・・・・・・・・・・・・・・・・・・・・・・・・・・・ **59**

7.1. 条件節の中の法助動詞　59
7.2. if を省略した条件節の倒置表現　62
7.3. 独立節としての if 節／
　　　suppose 節　64
7.4. 条件文の音調　65
　7.4.1. 上昇調：if 節の音調の原則　65
　7.4.2. 上昇調と下降調の意味の違い　66
　7.4.3. 下降上昇調による暗示的な意味　67

第 II 部
仮定法の概観

第8章　法と仮定法
・・・・・・・・・・・・・・・・・・・・・・・・・・・・・・ **70**

8.1. mood / modal / modality　70
8.2. modality を表す表現手段　74
8.3. 仮定法の行く末　75

第9章　仮定法の種類と呼称
・・・・・・・・・・・・・・・・・・・・・・・・・・・・・・ **79**

9.1. 古風な仮定法　80
9.2. 仮定法の種類と呼称について
　　　　　　　　　　　　　　84

9.3. 帰結節　86

第10章　仮定法を用いた条件文の形式 ・・・・・・・・・・・・・・・・・・・・・・・・・・・ **89**

10.1. 原形仮定法　90
10.2. 過去仮定法　90
10.3. 過去完了仮定法　92

第Ⅲ部
仮定法各論

第11章　仮定法3種の用法詳説 ・・・・・・・・・・・・・・・・・・・・・・・・・・・ **96**

11.1. 原形仮定法　96
 11.1.1. ① 命令・要求・主張・提案・妥当などを表す動詞・名詞・形容詞の後に続くthat節で　97
 11.1.2. ② 祈願文　100
 11.1.3. ③ 譲歩・目的などを表す副詞節の中で　101
 11.1.4. ④ 条件を表すif節で　102
 11.1.5. ⑤ 慣用表現　104
11.2. 過去仮定法　105
 11.2.1. 過去時を表す過去仮定法　105
 11.2.2. 現在の事実に反することの仮定　107
 11.2.3. 現在または未来の実現度がかなり低い事柄の仮定　109
 11.2.4. If ... should / If ... were to　111
 11.2.5. 慣用句　115
11.3. 過去完了仮定法　116
 11.3.1. ［過去］+｛過去｝　116
 11.3.2. ［過去］+｛現在｝　119
 11.3.3. ［過去］+｛未来｝　120
 11.3.4. ［現在］+｛未来｝　123
 11.3.5. ［未来］+｛未来｝　123

第12章　照応のずれ ・・・・・・・・・・・・・・・・・・・・・・・・・・・ **125**

12.1. ①［IF 過去完了仮定法］+｛過去仮定法｝　125
12.2. ②［IF 過去仮定法］+｛過去完了仮定法｝　128
 12.2.1. 条件節の過去仮定法が過去完了仮定法の代替表現と思われる例　128
 12.2.2. 帰結節の過去完了仮定法が文脈に応じて現在時を表す例　130
12.3. 想像の過去完了　131
12.4. 仮定法と叙実法の混在　132
12.5. 同一の形式をとる主節のVPに照応する条件節／従節の諸種の動詞形　134

第13章 仮定法を誘起する I wish / as if / It's time ……………………… **137**

13.1. I wish と共起する仮定法 *137*
　13.1.1. S₁ wish(ed)［S₂＋仮定法］において S₁＝S₂ の場合 *138*
　13.1.2. S₁ wish(ed)［S₂＋仮定法］において S₁≠S₂ の場合 *141*
　13.1.3. その他の願望表現 *144*
13.2. as if 節と仮定法 *145*
　13.2.1. as if 節が表す「時」と主節の「時」との関係 *145*
　13.2.2. as if 節で容認される叙実法 *148*
　13.2.3. as if 節と共起する法助動詞の種類 *149*
　13.2.4. as if 節と同等比較表現 *150*
13.3. It's time と仮定法 *151*
13.4. than if 節と仮定法 *152*

第14章 潜在条件 (implicit condition) ……………………… **154**

14.1. PP［前置詞句］／副詞(句) *154*
14.2. 準動詞 *156*
　14.2.1. to 不定詞・動名詞 *156*
　14.2.2. 現在分詞・過去分詞 *157*
14.3. 修飾語付き名詞句 *157*
14.4. 文脈の背後に *159*

第15章 単独で用いられる 迂言仮定法 ……………………… **162**

15.1. 心的態度を表す迂言仮定法 *162*
15.2. 従節の中で用いられる迂言仮定法 *169*

第16章 仮定法と時制の一致 ……………………… **171**

16.1. 原形仮定法が用いられている場合 *171*
16.2. 仮定法を誘起する表現の場合 *173*
16.3. 仮定法条件文の間接話法 *174*
16.4. 話者の意識が選択する叙法と時制 *176*

補 遺 ……………………… **179**

1. 確認的断言の意味を表す完了形 *179*
2. 法 (mood) について *182*
3. 法助動詞の現在形は仮定法か？ *183*

4. 仮定法の使用に見られる混乱　*184*
5. 規範文法の功罪　*185*
6. 仮定法によらない丁寧表現　*188*
6.1. 過去時制によって　*188*
6.2. 進行形によって　*189*
7. 非実現を表す完了不定詞　*190*

引用・参考文献 …………………………………………… *193*

索　　引 …………………………………………………… *199*

第Ⅰ部

条件文

第 1 章

条件文の構成と条件節

　仮定法は想像された想念の世界を扱うのであるから，想像された状況を含む条件文についてまず考察する必要がある。本書でいう条件文 (conditional sentence) は，条件を提示する条件節（従節 [副詞節]）と，その帰結を表す帰結節（主節）の二つの節で構成される複文のことをいう。条件の定義は 1.2 節で示す。

1.1. 条件文の構成

　冒頭で述べたことを公式化すれば，

(1) 　条件文 = 条件節 (protasis) + 帰結節 (apodosis)

となる。上記の説明と公式は，以下に引用する見解に基づく。

(2) 　A complex sentence consisting of an adverb clause of condition (the *if*-clause, called the protasis) and a main clause (called the apodosis), which states a result of the condition, is called a conditional sentence.

(Onions and Miller (1971: §87))
(条件を表す副詞節［＝protasis と呼ばれる if 節］及びその条件（が満たされたとき）の結果について述べる主節［＝apodosis と呼ばれる］で構成される複文を，条件文とよぶ)

1.2. 条件文と事実性

条件 (condition) は主として条件節によって伝えられ，その条件節 (conditional clause) とは「帰結節で示される事態や行為が成り立つ前提として必要とされる命題」のことを言う。ここで命題 (proposition) とは，'a statement that expresses a concept that can be true or false'（真にも偽にも解せるような考えを伝える表現）(ODE) のことである。ある因果関係 (causal relation) について述べようとするとき，話者が条件節をどう捉えているのかについて，次の三つの場合を認めることができよう。

(3) ① 条件節の内容は客観的な事実（＝factual）である（と話者が思っている）［事実］
② 条件節の内容の真偽［事実／反事実］については何ら断定がなされていない，すなわち非事実（＝nonfactual）である（と話者が思っている）［非事実］
③ 条件節の内容は事実と異なっている，すなわち反事実（＝counterfactual）である（と話者が思っている）［反事実］

ここで注意したいのは，①～③でその内容（命題）の事実性を問題にしているのは条件節に限られたことであって，帰結節にまで事実性の判断は及んでいない，ということである。また逆に，帰結節もそれ自体で命題の事実性についての最終判断はできない。条件文

全体の真偽の判断は，その文全体もしくは文脈が決定する（4.2.3 節 NB 参照）。

上に見たとおり，本書が条件節を分類する際に拠って立つ基準（frame of reference）は「命題の事実性」であることを確認し，話を元に戻す。条件節である if 節には，上の①の場合は叙実法（indicative）が，②の場合は叙実法あるいは過去仮定法（past subjunctive）が用いられる。[1] ③はもっぱら過去完了仮定法（past perfect subjunctive）に，時には過去仮定法に現れる。「法」というのは，8.1 節で詳しく説明するが，さしあたり，「叙述内容の事実性に対する話者の判断や感じ方を，主語に対応する動詞句（VP: verb phrase）の形態によって表す表現形式」としておく。仮定法の表現形式については，第 II 部で詳しく論ずる。いずれにせよ，主節（＝帰結節）の命題が成立するのは，客観的事実であれ話者の想念であれ，条件節の内容（命題）が成立することにかかっている。[2]

1.3. 条件節の種類

これも後に詳述することになるが，「はしがき」で述べたとおり，「閉鎖条件」についての理解がなければ，その対極にある仮定法の理解を十分に理解することは不可能と思われる。ちなみに，過去の

---

[1] 条件節内の命題が成立するかどうかについて，叙実法は現実的な，仮定法は仮想的な見方を表す。

[2] およそ発話であって想念（心の中に浮かぶ考え）でないものはない。「アイタッ」「あれ？」「もしもし」など少数の感嘆詞を除いて，人間の発する言葉は，通常，内的精神作用の結果が耳や目などが感知できる physical な形で外に出たものである以上，叙実法の文も想念を表す，と言えないことはない。e.g. 2Sam. 17:9 の 2 種の翻訳：Even now, he *is hidden* in a cave or some other place. (*NIV*) vs. He*'s probably* already *hiding* in a cave or someplace like that. (*ISV*) を比較せられたい。後者は想念であることが明示された表現である。

文法学者が条件節をどのように分類しているかを，その解説の概略とともに概観してみる。以下の概説は内容が抽象的なので，例文を付したかったが，紙幅に限りがあるので，ここでは割愛せざるを得ない。本書を通読した後にもう一度目を通すと，各著者の分類の特徴について判断ができると思う。

1.3.1. Onions and Miller (1971: §§87f.) による条件節の分類

① open condition
② rejected condition
③ (reserved condition)

①は，命題の事実や実現について何も含意しない (If it has thundered, it has also lightened. (雷が鳴ったのなら稲光も走ったのだ) は，「雷が鳴った」ことを含意しない)。主節に仮定的な意味合い (*would be or would have been*) がない場合は，if 節には叙実法を用いる。(その表す過去・現在・未来の時間領域は主節によって決まることを，例文によって示している。if 節の現在形が未来を表すのはフランス語・ドイツ語にも見られる特徴であると指摘している。) 従節と主節が表す時間の組み合わせ (本書では典型的な例としては第 3 章で扱う) は複数ある。主節は命令文・感嘆文を含め，いかなる種類の単文でも使用が可能である。

②は，否定を含意し，主節が仮定的な意味合い (*would be or would have been*) を持つ場合には，従節・主節ともに仮定法 (subjunctive) を用いる。動詞形とその表す時間領域との間にズレがあるので，意味解釈に注意が必要である (具体例は 12.2.2 節と 12.3 節を参照)。(同書には帰結節で用いる法助動詞 (modal auxiliaries) としては，would と should しか示されていない。)

③については，著者は明確な用語を示さず，主節は仮定の意味を

持たず，if 節は行為を現在もしくは未来における予想したもの／見込みのあるものとみなし，話者の側の reserve を含意する，と説明している。挙げている例は，原形仮定法，それの相当表現である should を用いたもの，また非事実を表す were を用いたものであり，それから察すると本書の open condition の部類に入るものである。③は文語的または改まった言い方であると著者は言う。

1.3.2. Hornby (1956: §119c, d) による条件節の分類

① open condition [factual condition]
② theoretical condition

①は，叙実法のすべての時制を用いることができる。条件節内の命題が実現するかどうかについて，話者は何ら判断を下さない。

②は rejected condition と呼ばれることがあり，事実に反すること，不可能なこと，将来実現しそうにないこと，今まで実現していないこと，過去に実現しなかったことなどを表す。同書が仮定法として認めているのは subjunctive *were* (§119d, e) のみである。帰結節で用いられる過去形法助動詞と共起する不定詞が原形不定詞か完了不定詞かの違いによって，指示時 (reference time) が未来時・現在時（ごくまれに未来時の読みを許す曖昧なもの）・過去時のいずれを表すかが決定されるとしている。要するに，本書では仮定法として扱っている上記②を，Hornby は時制の想像用法 (→ 8.3) として扱っている。

1.3.3. Quirk et al. (1985: §§14.22ff.; 15.35f., 38) による条件節の分類

A. Direct condition

①　Open condition[3]
②　Hypothetical conditions
　　(a)　Hypothetical past
　　(b)　Hypothetical past perfective
B.　Indirect condition
C.　Rhetorical condition

　Aは，主節の命題が成立するのは条件節の条件が満たされることにかかっているような条件文で用いられる。

　①　条件節の命題が実現するかどうかについては中立を表し，主節の命題実現は，条件節の命題実現の可否に依存する。叙実法もしくは present subjunctive（＝本書の原形仮定法）で表される。後者の場合は，改まった法律的文脈で用いられる。

　②　条件節の仮定命題は実現しないという話者の確信を伝える。（② a）は past subjunctive ［be 動詞の場合は *were*-subjunctive］とも呼ばれており，条件節が (i) 未来時を表す場合はその命題が実現することは期待できないということを，(ii) 現在を表す場合はその命題が現在事実ではないと思っていることを，表す。（② b）は過去完了仮定法（同書にこの用語はない）に相当し，過去の事実と反対の事柄を表す。その結果，主節の命題が実現しない可能性，ないしは非実現の確信を伝えることになる。なお，（② a, b）の用語に対応する主節の用語はそれぞれ，past modal, past perfective modal である。

　Bは，本書の 6.1 節「非因果条件」に相当するもので，条件が主節の表す状況と関係がない場合の条件文で用いられる。この時の if

---

[3] 同書によれば，*open* condition の斜字体部は，'real', 'factual', 'neutral' に置き換えて呼ばれることがあり，*hypothetical* condition の斜字体部は，'closed', 'unreal', 'rejected', 'nonfactual', 'counterfactual', 'marked' などと呼ばれることがある（同書 §15.35, Note）。

節は，A の場合の if 節が adjunct（付加詞）であるのに対し，発言の動機などに関する話し手の注釈を挿入的に示す style disjunct（文体離接詞）である。

C は，本書の 6.2 節「修辞条件」に相当するものである。

なお，②に欠けている future に関連して，*were to* [*were* = past subjunctive form of *be*]，および *should* [tentative *should*] が，future hypothetical conditions[4] を表すと説明している（表 1 (p. 50) を参照）。

1.3.4. Declerck (1991: §12.4.2) による条件節の分類

① Closed condition
② Open condition
③ Hypothetical condition [were to／過去仮定法]
④ Counterfactual conditions [過去仮定法／過去完了仮定法]

上記の①，②，④はそれぞれ順に，本書 1.2 節（3 頁）で説明した①，②，③に相当する。なお④は，一部は本書 1.2 節の②に，一部は本書 1.2 節の③に相当する。

closed condition という用語は，Quirk et al. (1985) が direct condition を論じたときに，注釈として，小さな文字で紹介したいくつかある名称の中の一つに過ぎない（脚注 3 を参照）。Quirk et al. と同年に発行された大塚・中島（1985）には索引にすら載っていない。安井（1996）に至ってはじめて独立の項目として扱われるようになった。Declerck が closed condition を，open condition や re-

---

[4] hypothetical condition について Quirk et al. は定義を与えていないので，Declerck (p. 425) の定義を示す：A hypothetical condition is one whose future fulfilment is seen as unlikely (but not impossible).（（条件の内容が）将来実現する見込みのない（とはいえ不可能ではない）と見なされる条件を言う）。

jected condition と対等に扱った功績は小さくない。彼が条件節の一種類として，そのあるべき場所に据えたのである。本書では 1.2 (3) に基づき，事実性の観点から，Declerck の③は②または④の一部とみなし，条件節の種類は Declerck の①，②，④の 3 種類と定め，以下の論考を進める。

閉鎖条件がどういうものであるかを理解していれば，次のような文を無理やり過去仮定法に解釈する必要はなくなる。

(1)　*If he had a political belief, it was a tax on wheat.*

(Galsworthy)

(彼に政治上の信念があったとすれば，それは小麦に課税することであった）[宮内 (1955) が細江[5]から訳文ともども引用した（著者によれば）過去仮定法の例文]

宮内は，過去形が用いられているのは話者の過去の意識に牽引されたものとし，「可能性がある程度まで認められる」と解説している (p. 64fn.)。二人の優れた学者がともにこの文を仮定法と捉えている理由が分からない。この文は Declerck の closed condition に相当するものであり，叙実法の文と解釈すべきものであろう。（ただし，意味解釈は文脈が決めることなので，Galsworthy の原文を見ていない筆者としては，「上掲文に限って言えば」という条件を付けておく。）

閉鎖条件導入の波及効果として，仮定法もそのあるべき位置に置かれることになった。反事実ばかりが強調される仮定法の扱いに，均等な目配りができて，過去仮定法には非事実を表す用法もあるということが，再認識されるようになった。二つの異なった用法を示

---

[5] 細江逸記著『動詞叙法の研究』（1933 年，泰文堂）のこと。上記の例文は同書の 159 頁に載っている。今後，宮内と細江が併記されるときはこの文献を指す。細江の他の著作については巻末参考文献を参照されたい。

す過去仮定法の例を Declerck (1991) から挙げておく。

(2) a. It *wouldn't* be good for the country's economy *if* that man *were* elected president.
（もしもあの男が大統領に選ばれるとしたら，国の経済のためによろしくないだろう）[hypothetical (p. 430)；非事実]
b. You *wouldn't* be here *if* you *were* waiting for her.
（君が彼女を待っているんだったら，君はこんな所にいるもんか）[counterfactual (p. 431)；反事実]

(2a) は現在ではなく未来のことを仮想しているのであり，未来の出来事については何人(なんぴと)も，事実であるとか事実に反するとかは，断ずることはできないはずである。上例の出典著者 Declerck は，Hypothetical conditions を扱った箇所で，"The past subjunctive *were* can be used instead of the modal past *was* in the *if-clause*." (if 節の中では法的過去 was の代わりに過去仮定法の were を用いることも可) (p. 429) と説明し，hypothetical condition とは，条件節の命題の実現が不可能ではないが，考えられない事柄を表す，と別の箇所で述べている (→ p. 8, 脚注)。つまり，If ... were は<u>必ずしも反事実を表すものではない</u>ということである。

　本書の主題である仮定法は，第 II 部以降で詳しく論じるが，その前段階として，各種条件節を検討しその実体を明らかにする必要があるので，次章で考察する。

第 2 章

条件文・条件節の概要

　次章以降で扱う個別の条件文・条件節を，いま俯瞰的に示してそのあらましを把握しておけば，後の理解が一層容易になるであろう。それで，条件節と関係のある諸要素（法の違い・指示時・内容の事実性など）を，最初に Close（1975: §2.42）から借用した例文を交えて，ここで概観しておく。その後，条件節を導く if 以外の接続詞相当語句について，仮定法使用の可否を調べる。

2.1. 条件節の時制と帰結節の叙法

　以下の条件節で用いられている時制は，（1）現在時制，（2）過去時制，（3）過去完了時制，（4）未来時制であり，丸付き数字は，第 1 章（3）で分類した①，②，③に対応する。

(1) a. *If* the wind *blows* from the north, this room *is* very cold.
 　　（風が北から吹くとこの部屋はとても寒い）［叙実法現在；現在時］＝①
 b. *If* the wind *blows* from the north, this room *will be* very

cold.

(風が北から吹いたらこの部屋はとても寒いだろう)[叙実法現在；未来時] = ②

c. *If* the wind *blew* from the north, we *moved* into the other room.

(風が北から吹いた時には別の部屋に移動した)[叙実法過去：(1a) の例とともに if は when に置き換えることができる] = ①

d. *If* you *park* your car there, *lock* it and leave the key here.

(そこに駐車するのなら，ロックして鍵はここに預けて行きなさい)[(話者が，条件内容は実現すると判断した上での) 命令文：事実] = ①

(2) a. *If* you *parked* your car there (now), they *would* tow it away.

(もし今ここに駐車したら，君の車は牽引して持って行かれるだろう)[parked (過去形) と now (現在) との折り合いをつけるためには，過去仮定法の読みしかない：非事実] = ②

b. *If* you *parked* your car here (then), where *is* it now?

((そのとき) 君がここに駐車した (という) のなら，車はどこへ行ったのだろう)[条件節は叙実法：事実] = ①

c. *If* you *parked* your car here (then), you *were* very foolish.

((そのとき) 君がここに駐車した (という) のなら，大ばかなことをしたもんだ)[条件節・主節ともに叙実法：事実] = ①

d. *If* you *parked* your car here (then), the police *would have removed* it.

((そのとき) 君がここに駐車した (という) のなら，警察が移動したのだろう)[過去に駐車した車が，現在その場にない理由を

推量した言い方；条件節は叙実法で事実＝①；帰結節は，出来事が過去に生じたことを推量する言い方の〈will have ~en〉を，仮定法表現（＝慎重な判断）にしたもの（→ 3.5（3b ②），15.1（10））：非事実＝②］

(3) *If* you *had parked* your car here, the police *would have towed* it away. (以上，Close (1975))
((あのとき) 君がここに駐車していたなら，警察は牽引移動したことだろう) [had parked は叙実法の過去完了と同じ形式であるが，主節と呼応しているので従節仮定法の読みであり，主節の would have towed は迂言形としての過去完了仮定法である；過去の反事実 (You didn't park your car here, so it wasn't towed away.)] ＝ ③

(4) a. *If* the water level *will* rise as high as this, then we *had better* evacuate these houses. (Declerck (1991))
(水位がこの辺りまで上昇するというのであるなら，これらの家から立ち退いたほうがよい) [条件節の命題が未来のある時点で成立するという前提に立つ読み (→ 3.8)] ＝ ①

b. *If* you *will* [*would*] write me a letter about it, I *will* attend to it. (Close (1975))
(その件について手紙を書いて下さるなら私が処理します) [if 節の will は意欲・自発心 (would はその丁寧な，あるいは気兼ねした言い方) を表す；従節・主節ともに叙実法] ＝ ②

2.2. 条件節を導く語句

英語には，if や unless 以外にも，条件を表す単一接続詞 (simple conjunction) や群接続詞 (group conjunction) がある。中には，その語形から分かるように，分詞構文に起源があるものや命令法に由来すると思われるものもある。叙実法が用いられることが多いが，

仮定法も時々見受けられる。

2.2.1. as long as

(1) a. I don't mind ↘how you *do* it *as long as* you *do* it ↗quickly.　　　(Palmer and Blandford (1969))[1]
(それを至急やるのであれば，どんなふうにやっても僕は構わないよ）[G 大は，この接続詞は仮定法では用いないと注記し，only if, provided で言い換えられることを示している]

　b. You *can* take my car *as long as* you *don't* smash it up.
　　　　　　　　　　　　　　　　　　　　　　(Swan (1980))
(衝突さえさせなければ，僕の車に乗って行っても構わないよ）

　c. You*'re* welcome to stay with us, *as long as* you *share* the rent.　　　　　　　　　　　　　　　(ibid.)
(君が僕たちと同居するのは大歓迎だ，家賃を分担してくれるならね）[許可を与える表現で用いられることが多い；以上，叙実法]

(2) *As long as* you *fed* him, he *would* be cooperative.　(NOAD)
(彼は食べさせてやりさえすれば，喜んで手伝ってくれるだろう）[過去仮定法が用いられている；同辞典は斜字体部の代替表現として provided that を挙げている]

　cf. He *could have been* content to keep me in his service *as long as* I *lived*.　　　　　　　(吉川 (1957))
(彼は，私が死ぬまで自分に仕えさせておけば，満足できたであろう）[不定詞が潜在条件を表す；as long as = during the

---

[1] この著書に載せられている例文はすべて発音記号で表記されているので，普通の表記法に書き換えた。音調記号（↘；↗）については 7.4 節を参照されたい。

whole time that（NOAD）］

(3) *As long as* you*'re* going to the grocery anyway, buy me a pint of ice cream. (R 大)
（どのみち食料品店に行くのだから，アイスクリームを1パイント買ってきてよ）

2.2.2. assuming (that)

(1) *Assuming* (*that*) he*'s* still alive, how old *would* he be now? (OALD)
（彼がまだ生きているとしたら，年は今いくつだろうか）［叙実法と仮定法が混在］

(2) Even *assuming that* it *is* true, it *cannot* be verified. (R 大)
（それが本当だとしても，確かめられない）［譲歩を表す］

2.2.3. given that

(1) a. *Given that* you *are* right, how *will* you explain this phenomenon? (K 大)
（君の言うのが正しいなら［正しいとしても］，この現象をどう説明するかね？）

b. *Given that* you *can't* find the papers, what *will* you do? (Matreyek (1983))
（書類が見つからなかったとしたら，どうしますか？）

(2) a. *Given that* the radius *is* 4 feet, find the circumference. (R; R 大)
（半径4フィートの場合の円周を求めよ）［cf. given these facts = these facts given（これらの事実を仮定［前提と］すれば）；分詞構文が起源であることを暗示］

b. *Given that* x = y, then n (x + a) = n (y + a) *must* also be true. (Quirk et al. (1985: §15.34))

(x = y とすれば，n (x + a) = n (y + a) も成り立つはずである)
[formal argumentation（論理的推論）で用いられる（原著者）]

2.2.4. granted (that) / granting (that)

(1) *Granted* [*Granting*] *that* what you say *is* true, it*'s* no excuse. (ejje.weblio)

(仮に君の言うことが本当だとしても，それは言い訳にはならない)

(2) *Granted that* he actually *did* it, we *may* now seek to explain his conduct. (Curme [吉川 (1957)])

(仮に彼が本当にそれをやったとして，我々はこれから彼の行為の理由を究明してもよいであろう)［譲歩：if (it is granted)］

(3) *Granted that* it *is* a simple test to perform, it *should* be easy to get results quickly.

(それは簡単にできるテストだから，すぐにその結果がわかるはずだ)［理由：because of the fact that］

cf. 'You *could have done* more to help.' — '*Granted.*'
(「もっと手伝うこともできたのに」「おっしゃるとおり」)［副詞］ (以上，OALD)

2.2.5. if only / only if

① if only = an expression used to introduce a wish, esp. one felt to be unrealizable（実現不可能と思える<u>願い</u>を表す用法）。独立節として用いられると，願望・期待，失望・遺憾などの意味を表す。

(1) a. He *will* succeed *if only* he *works* hard. (GL)

(彼は一生懸命働きさえすれば成功するだろう)

 b. *If only* he *comes* in time. (Thomson and Martinet (1988))
(彼が間に合って来さえすればなあ)[= We hope he will come in time.][以上，叙実法]

(2) a. *If only* he *didn't* smoke. (ibid.)
(煙草をのまなければよいのに)[= We wish he didn't smoke./ We are sorry he smokes.]

 b. *If only* I *could* go swimming! (GL)
(泳ぎに行ければなあ)[以上，過去仮定法]

(3) a. *If only* we *had died* by the LORD's hand in Egypt!
(Exodus 16:3)
(主のみ手によってエジプトで死んでおればよかったのに)

 b. *If only* you*'d told* me ↗ that, I *should have* ↘ *written*.
(Palmer and Blandford (1969))
(それを僕に言ってくれてさえいたら，手紙に書いたでしょうに)
[以上，過去完了仮定法：本例はやや古い BrE なので should が用いられている；音調記号については 7.4 節参照]

② only if = never ... except when X（X の場合以外は ... ない）。<u>条件</u>を表す。

(4) a. The committee *can* make its decision by Friday of next week *only if* it *receives* a copy of the latest report. (AHD)
(委員会は，最終報告書のコピーを受けとった場合に限り，来週の金曜日までに決定を下せる)[can の後ろに only を置くと，この文の後に何らかの条件が続くことを読み手[聞き手]に予告する響きがある，と同辞典は解説している；以下，叙実法]

 b. Call me *only if* your cold *gets* worse. (WordNet 3.0)
(風邪が悪化しない限り私に電話をしないように)

c. *Only if* a teacher *has given* permission *is* a student allowed to leave the room. (OALD)
(学生が教室を離れてもよいのは，教師が許可を与えた場合に限る)［否定を含意する only if 節が文頭に来たため，主語・動詞の倒置が生じたもの (A student is *never* allowed to leave the room *except when* a teacher has given a permission.)］

d. I*'ll* go *if and only if* you *promise* not to take automatically your mother's side if there's an argument.

(Matreyek (1983))

(言い争いになったとき，理非も考えずにあなたのお母さんの肩を持つことはしないことを約束するという条件なら（しかもその条件でのみ），行きます)［夫から母親の家に行くことを誘われたときの妻の言葉：なお，必要十分条件を表す数学の表現で，'if and only if' の代わりに iff [if, íf ən(d) óunli íf] を用いることがある (Quirk et al. (1985: §15.35 Note))］

NB CED はインフォーマルな表現として，① I *would have phoned* you, *only* I *didn't* know your number. (電話を掛けることもできたのですが，電話番号を知らなかったものですから) と言うのは問題ないが，正式な書き言葉では上記の表現は避けるべきで，② I *would have phoned* you *if* I*'d known* your number. (電話番号が分かっていたら電話を掛けていたでしょうに) とするようにと，勧めている。なお，①はしばしば，主節は仮定法，only 節は叙実法を用いる。e.g. He *would* do well in the test, *only* (*that*) he *gets* nervous. (G大) (彼はあがらなければ，試験で良い成績をとるだろう)

2.2.6. imagine

(1) *Imagine* you *were* [*had been*] the Prime Minister and *had* [*had had*] to solve the crisis. What *would* you *do* [*would*

you *have done*]? (Declerck (1994))
(あなたが総理大臣でこの難局を打開しなければならない[ならなかった]なら,どうしますか[どうしたでしょうか])[過去(完了)仮定法:imagine は叙実法を用いることも可]

2.2.7. on (the) condition that

(1) a. They *agreed* to lend us the car *on condition that* (= *only if*) we *returned* it before the weekend. (OALD)
  (週末の前に車を返すという条件で車を貸してくれることに同意した)[they はレンタカーの店(の人)を漠然と指している]

  b. I'*ll* loan you this book *on* [*under*] *the condition that* it *should* not be lent to anyone else. (K)
  (ほかの人には貸さないという条件でこの本をあなたに貸してあげよう)

(2) a. They *agreed under the condition that* the matter *be* dealt with promptly. (OALD)
  (問題を直ちに処理するならばということで[処理するという条件で]皆の意見が一致した)[主節には叙実法の過去時制が,従節の条件節には米語に特徴的な原形仮定法が用いられている:同辞典にはこの例文に,(especially North American English) と注記してある(11.1.1 節を参照)]

  b. He *can* go out *on condition* (*that*) he *comes* [*come*, *will come*] home by five. (G 大)
  (彼は,5 時に帰宅するのなら出かけてもよい)[come は原形仮定法;will は意志を表し「…する気がある」の意]

2.2.8. once

(1) a. *Once* you *hesitate*, you *are lost*. (K 大)
(躊躇したら最後もうだめだ)

b. *Once* a thing *is* mailed, it *is* in the care of the Post Office. (R 大)
(ポストに入れてしまえば,それは郵便局の所管になる)[同辞典の例文は once (that) としているが,that を用いるのは不可と Carter and McCarthy (2006) は言う]

c. *Once* he *goes*, we *can* clean up. (AHD)
(彼が出て行きさえすれば,きれいに掃除できる)[同辞典にはこの接続詞の意味として,as soon as, if ever, when を充てている。以上,叙実法]

(2) *Once* she and Joseph *were* married, everything *would* be all right. (Daphne Du Maurier [渡辺 (1958)])
(彼女とジョゼフが結婚してしまえば,万事うまく運ぶのだが)[仮定法の使用]

2.2.9. provided / providing

(1) a. Purely physical fatigue, *provided* it *is* not excessive, *tends* to be a cause of happiness.

(B. Russell [渡辺 (1958)])

(純粋に肉体的な疲労は,過度でなければ幸福の原因につながるのである)[限定の意味 (an idea of limitation or restriction) が強いと Thomson and Martinet (1988) は言う]

b. In formal English, it *is* possible to find construction with a zero-conjunction and inversion, *provided that* the verb of the conditional clause *is* a modal form.

(Declerck (1991: 425))

(フォーマルな英語では，条件節の動詞が仮定法であれば，接続詞を使わない倒置構造［構文］が可能である)［Were he to ~, Should he ~, Had he ~en などの倒置表現のことを述べたもの］

(2) *Provided* I *had* love in my heart, I *would* not a bit mind sleeping in the cool grass in summer. (Wilde［宮内 (1955)］)
(私の心に愛がある限り，夏にひんやりした草むらで寝るのをちっとも厭わないだろう)［過去仮定法］

(3) a. You *can* borrow the car, *providing* I *can* have it back by six o'clock. (LDCE)
(6時までに返してもらえるなら，その車を使ってもいいよ)［この接続詞の使用頻度は provided よりも低い。仮定法では用いないようである］

b. I'*ll* ↘come *providing* [*provided*] you *let* me know in good ↗time. (Palmer and Blandford (1969))
(しかるべき時にお知らせくだされば，参ります)

2.2.10. say

(1) a. Well, *say* it *were* so, what then? (K 大)
(まあそうだとしておこう，するとどうなるか)［過去仮定法；say = suppose (MEG V, 21.5$_{10}$)］

b. (Let's) *say* you *had* a very large fortune, what *would* you do? (GL)
(とてつもなく財産があったら，どうするかね)［同上；同辞典は語義の一部に「仮に…として (if; suppose)」を挙げている。本項のような命令法については 2.2.12 節を参照］

(2) She's not very deep mentally. All right. *Say* she'*s* stupid.

I *don't* care.　　　　　(Collier, *Green Thoughts* [渡辺 (1958)])

(彼女にはあまり深みがない，精神的な面で。でもそれでよい。もし馬鹿だったら。かまわない) [叙実法が用いられている；「…だったら」と条件の意味で訳してあるが，その条件を容認すれば譲歩 (…だとしても) の意味になる；主節で示される事柄が条件節の内容から当然期待される事柄とは反対の場合は譲歩を表す]

cf. *Say* what he *will*, I *will* not believe him.　(西尾 (1984))

(彼が何と言おうと，断じて彼の言うことは信じない) [叙実法が用いられていて譲歩を表す]

2.2.11. supposing / suppose

(1) a. *Supposing* I ↘*see* him, what *shall* I ↘tell him?

(Palmer and Blandford (1969))

(もし彼に会うとしたら何と伝えましょうか) [= What shall I tell him, *supposing* I see him? (ibid.)；supposing 節は後置が可能]

b. *Supposing* [*Let's suppose*] we *had run* into our neighbors. What *would* we *have said* to them?

(Declerck (1991))

(あのとき近所の人たちに偶然出遇っていたら，私たちは何と言っていただろうか) [過去完了仮定法]

c. *Supposing* Tom *tips* [*tipped*, *were to tip*, *was to tip*] off the police! We *could* all be arrested!　(Declerck (1994))

(もしトムが警察に内報したら！俺たちみんな逮捕されるかも) [supposing は，たいてい，過去仮定法か過去完了仮定法と共起する，と Allsop (1987: §10.9.4) はコメントしているが，必ずしもそうではないようである]

(2) a. *Suppose* I ↘*see* him, what *shall* I ↘tell him?

(Palmer and Blandford (1969))

(もし彼に会うとしたら何と伝えましょうか)[suppose 節が後置されることはない:(1a)と比較。叙実法;未来]

b. *Suppose* I *should* find the money. *Will* you let me have it? (CR)

(仮に僕がそのお金を見つけるとしよう。君はそれをくれるかね)[話し手は,命令文と疑問文を並置して,二者の間に論理的な脈絡があることを,聞き手が推論するに任せている;cf. *If* I *should* find ...]

c. "Daddy, can I watch TV?"―"*Suppose* you *did* your homework first?" (Swan (1980))

(「お父ちゃん,テレビを観てもいい?」「まず宿題をしたらどうだろうね?」)[提案を表す表現であり,did のほうが do よりも柔らかな感じを与える]

d. *Suppose* I *had* [*were to* have] an accident, who *would* pay?

((仮に)僕が事故に遭ったら誰が弁償するのだろうか)[未来]

e. *Suppose* I *had had* an accident, who *would have paid?*

(あのとき事故に遭っていたら誰が弁償したのだろうか)[過去]

(以上,Close (1975))

(3) Just *suppose* the planning committee *rejects* [*rejected*, *had rejected*] your application to add a room to your house. What *will* you do [*would* you do, *would you have done*] then? (Declerck (1994))

(お宅を1部屋増設するという君の申し込みを,計画委員会が却下する[した]としよう。そうしたら,君はどうする[するだろうね,しただろうね]?)[順に,叙実法現在(非事実),過去仮定法(非事

実：実現度は低い），過去完了仮定法（反事実）]

cf. *Put* it that there *was* another life … that life *must* be just the same. (MEG V, 21.5$_{10}$)（あの世があるとしたら…この世と全く同じものに違いない）/ *Take* it, for the sake of supposition, that I *were to* accept your offer. (MEG IV, 9.3(1))（仮定の話だとして，私があなたの提案を受け入れるとしたら？）[put（言う），take（受け止める，解釈する）；2例とも命令文が条件を表している]

2.2.12. 〈命令法＋and [or]〉，〈名詞句＋and〉など

見出しは条件節に相当する。以下の (1) では，and / or の後ろの節（主節）に will などの法助動詞が用いられる典型的な例をあげ，(2) では and を省略した例を，(3)〜(5) ではこの型の変種を挙げる。

(1) a. *Make* haste, *and* you *will* be in time.
(急げば間に合うでしょう)［= *If* you make haste, you will be in time.]

b. *Ask and* it *will* be given to you; *seek and* you *will* find; *knock and* the door *will* be opened to you. (Matthew 7:7)
(求めなさい，そうすれば与えられるでしょう。探し求めなさい，そうすれば見いだせるでしょう。たたきなさい，そうすれば門は開けられるでしょう)［キリストが山上の垂訓で語った言葉の一節］

c. *Make* haste, *or* you *will* not be in time.
(急がなければ間に合わないよ)［= *If* you *don't* make haste, you will not be in time.]

d. She said to Jacob, "*Give* me children, *or else* I *die*."

(Genesis 30:1, *NASV*)

(ラケルは（夫の）ヤコブに言った，「子供を与えてください，そうしてくださらなければ私は死にます」)［欽定訳聖書の影響を受けたことを窺わせる本例のような助動詞のない英語聖書が多いなかで，I will ['ll, shall] die を用いている聖書もある］

e. Also, *do not* pay attention to everything that people say; *otherwise*, you *might* even hear your servant cursing you.　　　　　　　　　　　(Ecclesiastes 7:21, *NETB*)

(人々が話す言葉すべてに気を留めることのないようにせよ。さもないと，あなたに仕える者があなたを呪っているのを耳にすることさえあるかもしれない)［否定の命令］

(2) a. *Do* it at once, you *will* never regret it.　　　(井上 (1967))
(今すぐそれをしなさい，（そうすれば）決して後悔しないでしょう)［本例のように and が省略されることもある。命令文と平叙文を並置 (juxtaposition) することにより，連結語 (and, or など) が無くても二者の間に論理上の脈絡がつくように，人間の脳は整理してくれる］

b. *You touch* me again, I'*ll* kick your teeth in.

(Swan (1980))

(もう一度オレに触ったら痛い目にあわせるぞ)［and を省略した言い方は口語表現である（原著者）；第 1 文は命令文であるが，If you touch ... と Swan (1980) はパラフレーズしている］

(3) *Speak* one word, *and* you *are* a dead man.　　　　　　(CR)
(ひと言でもしゃべってみろ，命はないぞ)［*and* you *are* a dead man のほうが，*and* you *will* be a dead man よりも現実感・緊迫感が伝わる。この感じは will が持つ未来の意味によるのかもしれないが，法助動詞 (modal auxiliaries) 一般が有する非事実性に起因するものとも思われる（中野 (2014: §1.4.1)）］

(4) *One false step, and* our enemies *would* be upon us.

(Orwell [伊藤 (1968)])

(一歩間違って踏み外したら，敵はわれわれに迫ってくるだろう）[〈名詞＋and〉が条件を表す働きがあることは，主節で過去仮定法が用いられていることから察することができる：斜字体部＝*If we took* one false step]

(5) a. *Another half hour ... and* he *would've been* burned for sure. (Caldwell [伊藤 (1968)])

(もうあと30分もそのままだったら，彼はきっと焼け死んでしまったろう）[主節に過去完了仮定法]

b. The bullet lodged in my left shoulder ... *a little lower, and* I *should have been* in Paradise long ago.

(銃弾は私の左肩に入って止まった。いま少し下であったら，とうの昔に天国に行っていたことだろう）[＝*if* it *had been* a little lower]

cf. *Another moment, and* he *had been* (＝would have been) gone. (以上，井上 (1967))

(次の瞬間，彼はいなくなっていただろう）[古語法]

第 3 章

閉鎖条件 (closed condition)

　標記は，話者が条件内容が真（事実）である，または成立するという判断に基づいて発話するときに用いる条件で，叙実法のすべての時制で用いられ，条件節内であっても未来を表す will が用いられることがある（3.8 節参照）。ほかの条件節と異なるのは，条件節の命題は事実（だと話者が思っていること）を表していること，そして帰結節では条件節に干渉されない法・時制を用いて，条件節のそれらに縛られない独立した判断を表す表現が可能である，という点である。動詞の表現形式の照応を重視する仮定法（135 頁，表 2）とは対照的である。閉鎖条件で用いられる if の意味は，開放条件の場合とは異なり，理由の as や事実を前提として示す since に近い。closed は open の反対語であるが，動詞句の形式が叙実法に限定されている，という意味に解釈するとよい。この用法は Declerck (1991: §12.4.2) が詳しく論じている。Carter and McCarthy (2006) は閉鎖条件を現実条件 (real conditionals) と呼ぶ。以下，2 種類の括弧を使い分けし，［条件節の表す時（過去・現在・未来）］＋ {帰結節の表す時} の違い（つまり時制の違いではなく，指示時［出来事が生じる時間領域＝RT］の違い）によって分類する。

3.1. [過去]＋{過去}

(1) a. *If* I *missed* the last train, I just *stayed* over with friends.
   (Carter and McCarthy (2006))
   (最終電車を逃したときは,まあとにかく友人宅に泊まったさ)
   [if は when と同義((2) 参照);stay over = spend the night away from home (LDPV)]

   b. *If* Bill *told* you that last night, he *was* lying.
   (ビルが君に昨夜そんなことを言ったのなら,彼はうそをついていたのだ)[(話者にとって) 過去の事実]

(2) *If* it *was raining*, we usually *stayed* indoors.
   (Sinclair (1990))
   (雨が降っているときは,たいてい屋内にとどまっていた)

(3) a. *If* you *were* there (and you say you were), you *must have seen* her.   (Quirk et al. (1985: §15.35, Note))
   (もし君がその場にいたのなら (君自身がいたと言っているが),きっと彼女の姿を見たはずだ) [3.2 節 (2) の注参照]

   b. *If* they *were* late yesterday, it *cannot have been* because of the weather.   (Declerck (1991))
   (彼らが昨日遅刻したのなら,天候のせいではなかったはずだ)
   [遅刻したのは過去の事実,と解釈]

(4) *If* he *would* do it, in spite of your advice, you *would have been* justified in dismissing him.   (伊藤 (1968))
   (彼が君の忠告を無視してそうすると言ってきかなかったのなら,彼を首にしたのも正しかったといえよう) [叙実法＋仮定法;最初の would は過去時における主語の頑固・固執を表す R 用法 (p. 92, 脚注参照);帰結節＝2.1(2d) と同じ用法:非事実]

   cf. *If* the offer *was* rejected, it *was* because people dis-

trusted him.　　　　　　　　　　(MEG IV, 10.3(2))
(申し入れが拒絶されたのは，人々が彼を信用していなかったからだ)[if 節は条件を表してはいない；理由を引き出す修辞表現である]

3.2. [過去]＋{現在}

(1) *If* you *spent* the night on the train, you probably *need* a rest.
(夜を列車の中で過ごしたのなら，たぶん今あなたには休息が必要です)[if 節は過去の事実，帰結節は現在の事実(と話者は思っている)]

(2) *If* you *added* sulfuric acid to the mixture, it *ought to* turn blue.　　　　　　　　　　(Allsop (1987))
(混合物に硫酸を加えたのなら，青色に変わるはずだ)[Allsop は次のような注をつけている：'i.e. you said that you added it, but so far there is no sign of blueness. Are you sure you added it?'(すなわち，「硫酸を加えたというけれど，まだ青色が現れていない。本当に加えたの？」の意である)。閉鎖条件を俯瞰した例文のいくつかで，「(という) のなら」とかっこ書きにして訳したのは，それを外すと日本語としておかしいからであったが，Allsop も同じ感覚で読んでいることが分かる (→ 3.1 (3a))]

3.3. [過去]＋{未来}

(1) *If* they *left* at nine, they *will* certainly be home by midnight.　　　　　　　　　　(Leech (1971))
(9時に発ったのなら，真夜中までにはきっと帰宅しているだろう)

(2) *If* he *hadn't come* in when you arrived, he *won't* come in at all this morning. (Hornby (1956: §119c))
(彼は，あなたが到着したときに来ていなかったのなら，今朝は絶対に来ない)［話者は条件節の内容を過去の事実と見なしている］

3.4. ［現在］＋｛過去｝

(1) *If* you *want* help, gentlemen, you*'ve come* to the wrong man. (Fug.)
(協力が必要でしたら，失礼ですが，お門違いの人間の所に来たことになります)［現在完了は確認的断言を表す（補遺1を参照）；gentlemen は捜索に来た警察官への呼びかけ］

(2) *If* righteousness *comes* through the law, then Christ *died* for nothing. (Galatians 2:21, *HCSB*)
(義が律法によって得られるのであれば，キリストの死は無駄であったことになる)［*NIV* その他の訳には，*If* righteousness *could* be gained through the law, Christ *died* for nothing. のような，仮定法と叙実法の混在が見られる］[1]

3.5. ［現在］＋｛現在｝

(1) a. *If* a tap *is dripping*, it *needs* a new washer.
(Sinclair (1990))
(蛇口が漏れているのなら新しい座金が必要だ)［水漏れしている

---

[1] 聖書からの引用は，断りのない場合は，*New International Version*（1983年版；*NIV* と略記）からのものである。ほかの翻訳本は版本名の頭文字語（initial word）で示す。関心のある読者は biblehub.com を参照されたい。

のは，現在の事実]

b. *If* you*'re getting* backache all the time, then you*'re not sitting* properly. (Carter and McCarthy (2006))
(しょっちゅう背中が痛いのなら，座り方がおかしいのだ)

(2) a. *If* she*'s* ill-mannered, at least she*'s* honest.

(Declerck (1991))

(彼女は行儀が悪いとはいえ正直だ) [if 節は譲歩を表す (= even if)；本例は疑似条件でもある (→ 6.3)]

b. It*'s* not my fault *if* I *don't* love you.

(Maugham [渡辺 (1958)])

(あなたを愛していなくたって私が悪いのではありません)

(3) a. *If* he *says* that, he *is* wrong.

(Onions and Miller (1971: §88))

(彼がそんなことを言っているのなら，彼は間違っている)

b. *If* he *says* that, he *will* be wrong. (ibid.)
(①彼がそんなことを言うとすれば，間違いだろう) [原著者は says = shall say と書き換えて，主節・従節ともに未来時を表すという解釈をしている [開放条件の読み]。ただし前述のとおり，従節が叙実法の場合，主節の法・時制は条件節のそれらに縛られない独立した判断を表す表現が可能なので，②「彼がそんなことを言っているのなら，彼は間違っているだろう」という現在時の推量の読みも可能 [閉鎖条件の読み；(3a) の断言的な言い方を避けたい発言者の心的態度を，will という法助動詞が表している]]

(4) a. *If* I *am* out of the office, I *am* wandering around. If my boss *is* out of the office, he*'s* on business.
(私が持場を離れているとどこかぶらついているのであり，上司が部屋にいないと所用 (ということ) になる) [疑似条件 (→ 6.3)；

if = when]

 b. *If* he *will* go out every night, he *can't* expect to pass his exam. (Declerck (1991))

  (彼がどうしても毎晩外出するといってきかないなら、試験の合格は期待できない）[will は現在の固執を表す]

(5) *If* you *must* know, I *don't* get along with the landlord.

(荒木ほか (1977))

（是非にとおっしゃるなら申し上げますが、私は地主とそりが合わないのです）[現在形法助動詞 (must) は叙実法；if 節は非因果条件を表す (→ 6.1)]

3.6. [現在]＋{未来}

(1) *If* you*'re going to* buy a house, then you*'re going to* need a lot of money. (Carter and McCarthy (2006))

（もし家を購入するつもりなら、大層な金が必要になる（のは必定だ））[be going to: 前者は「意図」、後者は「抜き差しならぬこと」を表す (→ 3.7(3))]

(2) a. *If* you *don't* like it, I *can* paint it in a different color.

  （気に入らないのでしたら別の色に塗ることもできます）[叙実法；下の文よりも行動する可能性が高い]

 b. *If* you *don't* like it, I *could* paint it in a different color.

  （気に入らないのでしたら別の色に塗ることもできますが）[叙実法＋過去仮定法（控えめな表現）；異なった法の混在]

(3) *If* he *is* ready, he *will* come. (Onions and Miller (1971: §88))

 a. 準備ができているのなら来るだろう。

  [If he is ready now；閉鎖条件；RT＝現在時]

 b. 準備ができれば来るだろう。

[If he shall be ready in the future；開放条件；RT＝未来時]

3.7. [現在(完了)]＋{現在・未来}

(1) *If* I *have hurt* your feelings, then I *beg* your forgiveness.
(安井[2])
(お気に障りましたら，どうかお許しください)[帰結節は遂行文(performative: I を主語とする平叙文を発すること自体が，約束・謝罪などの行為を遂行することとなる文)であるが，命令文(Please forgive me.)でも可]

(2) *If* I *have cheated* anybody out of anything, I *will* pay back four times the amount. (Luke 19:8)
(もし私が誰かから何かをだまし取ったのでしたら，その4倍をお返しします)[モーセの律法では，通常盗んだものの2倍を弁償することになっていた(出エジプト記 22: 7)]

(3) *If* you *have lost* your passport, you*'re going to* have a lot of trouble with the police. (Declerck (1991))
(パスポートを紛失したのなら，警察とずいぶんもめることになるよ)[主節の〈be going to〉は不可避を含意]

(4) *If* a man *has* recently *married*, he *must* not be sent to war or have any other duty laid on him. (Deuteronomy 24:5)
(男が最近結婚したばかりであれば，これを戦場へ出したり，他のいかなる義務も課したりしてはならない)[if は when の意味で用いており，When a man *is* newly married と訳した聖書もある。この節の後半は，For one year he is to be free to stay at home and bring happiness to the wife he has married. (一年間は思うままに家にいて，めとった妻に幸福をもたらすべきであるから)と続く]

3.8. ［未来］＋｛現在｝

(1) *If* the water *will* rise above this level, then we *must* warn everybody in the neighbourhood.

(Quirk et al. (1985: §14.22))

（水位がこの高さを超えて上昇するというのであれば，地区の皆に警告しなければならない）［＝If the water is going to rise；話者は，条件節で表される状況が未来に生じると，発話時点で見なしている；3.5(4b)，4.1.2.1(3b, c) と比較］

(2) a. *If* you *won't* arrive before six, I *can't* meet you. (ibid.)

（君が6時に到着しないというのであれば会うことはできない）［＝If you won't be arriving；will＝未来の出来事に対する現在の予測を表す（原著者）］

b. *If* Bill *will* be here tomorrow, there*'s* no need to ring him now. (Declerck (1991: §12.4.2 (B)))

（ビルが明日来る（という）のなら，今彼に電話する必要はない）

(3) *If*, as you say, the cloth *will not* shrink when washed, it *can't* be genuine cotton. (ibid.)

（その布がおっしゃるとおり洗濯後に縮まないのなら，本物の綿布のはずはありません）［この発話は，誰かの直前の言葉に反応した結果の判断であるから，客観的な事実を表すとは言い切れない。ただし話者は，自分の発言内容は事実（＝未来の出来事は不成立＝<u>縮まない</u>）だと思っている］

上記の条件節は，'if it is the case that'／'if it is true that' とパラフレーズすることが可能である。なお，［未来］＋｛未来｝という項目を立てることは，閉鎖条件では<u>不可能である</u>。未来は不確定なので閉鎖条件ではなく，次章で扱う開放条件の範疇に入るからである。

第 4 章

開放条件 (open condition)[1]

　Hornby (1956: §119c, d) は，表題の条件節 (open condition) を，仮定法を用いた条件節である rejected condition に対置するものとみなし，'clauses that contain a condition that may or may not be fulfilled'（条件内容の実現・非実現について中立の条件を含む節）だと言う。そう言いつつも，open condition を factual condition という別名でも呼び，挙げられている例文はすべて叙実法が用いられたものばかりである。そのため，提示された例文中には，条件内容が実現した読みを表す closed condition に属すべき例文も含まれている。

　そこでこの際，Hornby の定義を少しく変え，本書において開放条件とは，「条件内容の真偽や実現についてなんら断定がなされていない中立 (nonfactual＝非事実) の条件」ということにする。条件節の内容が真にも偽にも解しうるという意味で，また，条件節内

---

[1] Leech (1971: §160) がこれを real condition と呼んでいるのに対し，Carter and McCarthy (2006) が閉鎖条件のほうを real conditionals と呼んでいるのは対照的である。これらの用語は一般的でないので，本書では採用しない。

の動詞形式（主語に対応する述語動詞）として叙実法も仮定法も用いることができるという意味で，open ということができよう。この条件を表す方法は，4 通りある。

① if 節（前提節）にも帰結節にも叙実法を用いる。（この場合，if は when (ever) の意味に近い。）
② if 節に原形仮定法を用いる。
③ if 節に過去仮定法を用いる。（過去仮定法には反事実を表す用法もあるので要注意。）
④ if 節に過去完了仮定法を用いる。（過去完了仮定法は反事実を表す用法が圧倒的に優勢であるが，主節仮定法が非事実を表す場合もある（→ 2.1(2d)，11.3.3-5)。）

「法」の違いは，条件内容の真偽に対する話者の確信度の違いを表す。①は条件内容が真（事実）である，または成立する可能性が高いと話者は判断しており，③はその可能性が低い，④は可能性がゼロに近いと話者は判断している。[2] 叙実法を用いた開放条件は unless を用いても表すことができるので，4.1.4 節で扱う。

4.1. 叙実法による場合

if 節の出来事と帰結節の出来事を，それぞれ，現在または未来の時間領域に位置付けて以下に示してみる。過去の事柄は，事実かどうかは確定していることなので，通常，冒頭に示した Hornby の定義に合わない。それらは閉鎖条件の範疇に入るべきもので，すでに

---

[2] ③と④に生じる仮定法は叙実法の過去（完了）時制と同じ形式なので，（③と④のように）従節で用いられる仮定法を「従節仮定法」，主節で法助動詞を用いる仮定法を「主節仮定法」と名付けて区別するのも一つの方法である。

前章で扱った。

4.1.1. ［現在］＋{現在}

(1) *If* water *boils*, it *changes* into steam.
（水は沸騰すると蒸気になる）

(2) *If* anyone *thinks* he is something when he is nothing, he *deceives* himself. (Galatians 6:3)
（取るに足りない者であるのに自分をひとかどの者と思うなら，その人は自分を欺いている）［［現在］＋{現在}の組み合わせは聖書（*NIV*）に多い表現方法］

(3) a. *If* you *dry* your washing outdoors, *wipe* the line first.
(Sinclair (1990))
（外で洗濯物を干すのなら，まず物干し綱をぬぐいなさい）［命令文が続く例］

　b. *If* you *are waiting* for a bus you*'d better* join the queue.
(Thomson and Martinet (1988))
（バスを待っているのでしたら列についたほうがいいですよ）［had better は命令文に相当］

4.1.2. ［未来］＋{未来}
4.1.2.1. if 節の現在時制が未来を表す例

　未来の事柄は，生起に関して不確実なので，開放条件を表す。時の要素が絡んだ因果関係を表すもっとも代表的な表現法で，帰結節で用いられる法助動詞は will が多い。

(1) *If* John *comes*, Bill *will* [*may*/*can*/*must*/*ought to*/*should*] leave. (Palmer (1979))
（もしジョンが来たらビルは出発するだろう［するかもしれない［し

てよい］／してよい／しなければならない／すべきだ］）[未来を表す if 節と，帰結節で用いられている法助動詞が内包する未来性・非事実性とは相性がいい（中野 (2014: §1.4.1)）]

(2) a. *If* you *go* straight ahead for a mile, you*'ll* get to the museum.

   （まっすぐ 1 マイル行くと博物館に着きます）[before, when 等で導かれる副詞節では現在時制が未来を表す。それと同類の if 節；(1) と共に開放条件の典型例]

   b. But *if* from there you *seek* the LORD your God, you *will* find him *if* you *seek* him with all your heart and with all your soul. (Deuteronomy 4:29)

   （しかし，もしその土地から主なるあなた方の神を尋ね求めるとき，心と魂を込めてこれを尋ね求めるなら，神を見出せるであろう）[if 節が二つあるが，主節が対応するのは，通常，後ろの if 節である。初めの if は when に近い]

(3) a. *If* I *can* get away, I *will* join you there next week. (K)

   （もし行けるなら来週そこでお会いします）[if 節内の can の表す未来性・非事実性により開放条件の解釈を受ける]

   b. *If* the boat *will* sleep eight people, none of us *will* have to go to a hotel. (Declerck (1991))

   （そのボートに 8 人泊ることができるのなら，僕たちの誰もホテルに行く必要はない）[注：if 節の主語が総称名詞の場合は，if 節は具体的な状況を表すものではなく，不変的・恒習的な事柄の予測を表す。if 節の will は can で置き換えられる（Quirk et al. (1985: §14.22)）；will に限らず法助動詞が if 節（閉鎖／開放条件）で用いられるときは，おおむね R 用法（→ p. 92, 脚注参照）とみなされる。帰結節の will = 未来指標辞]

   c. *If* you *will* give me some assistance I *can* manage. (K)

(いくらか援助してくだされば何とかやっていけます)［will：主語の意志を表す；can は他の法助動詞 may, must と同様，未来時を表すことができる（→ (3a)）］

d. What *shall* it profit a man, *if* he *shall* gain the whole world, and lose his own soul? (Mark 8:36, *KJV*)
(人はたとえ全世界を手に入れても，自分の命を失ったら何の得があろうか)［欽定訳聖書（1611 年刊）なので古風な英語］

(4) *If* you *have written* the letter, I'*ll* post it.
(あなたが手紙を書き終わったら私が投函します)［if 節内の現在完了は未来完了の代わり］

4.1.2.2. S *will* … if *it will* … の形式

(1) a. I *will* give her a loan only *if that will* solve all her problems. (Declerck (1991))
(お金を貸してあげることで彼女の問題がすべて解決するということであるならば，貸してあげよう)

b. I *will* come *if it will* be (of) any use to you.
(MEG, IV, p. 400)
(私の行くことが役立つのでしたら参ります)

c. I'*ll* come down to your office after one o'clock *if it will* suit you. (G. Eliot［細江］)
(ご都合がよいということであれば，1 時過ぎに事務所に参ります)［宮内はこの文を，仮定法未来*の中に入れている（*本書は叙実法の解釈（→補遺 3））］

(2) a. I'*ll* take care of the tea and coffee, *if it'll* help to get things done quicker. (Carter and McCarthy (2006))
(お茶とコーヒーを出すことが事をもっと早く済ませるのに役立

つのなら，そうします）

b. *If it will* amuse you, I'll tell you a joke.
（君が面白がるのだったらジョークを話すよ）［これらの例の特徴は，if 節で非人称主語が用いられていることである］

以上の例は，if 節の出来事のほうが帰結節よりも時間的に後に起こると見なされる場合である。Jespersen は上の (1b) の例において，条件節で if it will be としたほうが，if it is である場合よりも心持ち丁寧な表現になるという。Declerck は，Jespersen とは解釈を異にし，if 節の will を未来指標辞と捉えている。すなわち，開放条件であって未来時を表し，条件が成立すれば必然的に帰結節の内容が実現するといったような，条件節と帰結節に論理的な関係がある場合に，上記のような形式をとるという解釈である。彼は付け加えて，'if P, then Q' というよりはむしろ，'Q, if P' という論理形式が成り立つような場合に，このような未来表現を取るという。「Q が，論理的必然として P を含意するという確証が得られるなら，私は Q を約束する」という意味である。宮内 (1955: §43) は (1c) を仮定法未来（本書では用いない）に位置づけ，「if 節内の will は it の意志でもなければ単純未来でもなく … 単に話者の意欲実現の大きいことを示したもので，推量の will と見てもよいであろう。細江博士はこれは未来時制であるが，未来時制そのものが元来叙想的（仮定法的）であると述べていられる」と記している。一つの文が，文法家によって異なった解釈を受ける例を示してみた。(if 節の will は「事柄の自然の帰趨」を表すとみる（中野 (2014: §9.2.1.1)））。

4.1.3. ［未来］＋｛現在｝

(1) a. I*'m going to* get out of here *if* it *kills* me!
（たとえ死ぬことになってもここから出て行くつもりだ）［強い決

意を表す；条件節［譲歩節］の出来事が帰結節の出来事よりも時間的に後（→前節の諸例）］

b. I*'m going to* wait for her, *even if* it *means* sitting here all night. (以上，Declerck (1991))
(一晩じゅうここで待つことになるとしても彼女を待つつもりだ)［同上］

なお，4.1.2.1 節の (1) では都合 1 例しか載せなかったが，条件節に叙実法現在を用い，帰結節に can, may, must, should（時には would, could, might）を用いる形式が，特に書きことばにかなりの頻度で用いられることは承知しておく必要がある。（使用頻度は（　）の外の法助動詞のほうが高いことを，Celce-Murcia and Larsen-Freeman (1983: 345) は指摘している。）

4.1.4. unless の場合

unless 節は，通常，開放条件を表す (Declerck (1991: §12.4.2))。よって，本章冒頭で提示した開放条件の定義から，却下条件を含む本節の (4b-d) は非文法的となる。Quirk et al. (1985: §14.19, Note) は，下の (5b) のように現在分詞節（*~ing* participle clause）が後続する場合には特に，開放条件に限定されると言う。unless 節は「... しない限りは」という厳密な除外条件 (condition as an exception) を表す (Declerck (1991)，安井[2])。

(1) *Unless* a miracle *intervened*, this *was* a certainty. (K)
(奇跡でも起こらない限りこれは必然的なことであった)［過去］

(2) a. If anyone competes in athletics, he *isn't* crowned *unless* he *competes* [*has competed*] by the rules. (2 Timothy 2:5)
(誰かが運動競技に参加する場合，ルールに従って競技し［たので］なければ冠は与えられない)［現在(完了)；諸種の英訳聖書

では現在時制を用いた訳が圧倒的に多い]

b. She*'s* not happy *unless* she *has* the last word in an argument. (K)

(彼女は，議論で最終決定権がないとうれしくない)[現在]

c. *Unless* you*'ve got* certain qualifications, then you *can't* get a contract. (Carter and McCarthy (2006))

(ある特定の資格がなければ，契約はとれません)[have の代わりに 've got を用いるのは BrE：現在]

(3) You *won't* get there in time *unless* you *take* a taxi.

(Declerck (1991))

(タクシーに乗らない限りそこへは間に合わないだろう)[unless は通常 if not の意味であるとされるが，排除的なニュアンスの強い except if (… という場合を除いて) の意味である；未来]

(4) a. I*'ll* feel much happier *if* he *doesn't* come [*unless he comes] with us. (Quirk et al. (1985: §15.35))

(彼が一緒に来ないほうが [*来ない限りは] うれしいわ)

b. Dave *would* be happier *if* he *didn't* work [*unless he worked] so hard. (Carter and McCarthy (2006))

(デーブはあんなに働かなければ，もっと幸せだろうに)[原著者は Dave does in fact work hard と注を付けている]

c. *If* she *weren't* [*Unless she *were*] so silly, she would understand. (安藤 (2005))

(彼女があんなに愚かでなければ，理解するだろうに)[却下条件 (反事実) では unless は不可]

d. *If* you *hadn't studied* hard [*Unless you had studied hard], you*'d have failed* the exam.

(君は一所懸命に勉強しなかったら，試験に受からなかっただろう)[同上；Quirk et al. (1985: §15.35, Note)]

(5) a. *Unless* otherwise instructed, you *should* leave by the back door. (Quirk et al. (1985: §15.34))
(別段の指示ある場合を除き裏口から出てください)［省略表現］

b. *Unless* [*Even if*] receiving visitors, patients *must* observe normal hospital rules. (ibid.)
(訪問者と面会する場合は別として［場合でも］，患者は病院の通常の規則を守ること)［同上］

(6) What is the use of legend, if it isn't popular? How *can* it endure at all *unless* it *be* continually refreshed and re-presented in the idiom of a changing language?

(C. A. Lejeune［田桐］)

(伝説は人気がなかったらおしまいである。変化することばに調子を合わせて，絶えず新たにし，新版を出していかなければ伝説を永続きさせることはできまい)［原形仮定法］

上記のように，unless は三つの時間領域について，通常，叙実法で表す。Quirk et al. (1985) は，unless は例外としての条件 (only if ... not) に焦点を置くので，(4) のように，用いることのできない文脈があると説明しているが，LDCE (1986: 書籍版) は，'*Unless* is not used of imaginary events.' (仮想上の出来事に unless は用いられない) と的を射た注記をしている。

4.2. 仮定法による場合

4.2.1. 原形仮定法を用いて (→ 10.1, 11.1)

原形仮定法が用いられている条件節はすべて開放条件であり，現在・未来についての疑念や不確かな思いを伴った推測を表す。きわめて文語的で，今日この用法はほとんど見られない。齋藤 (1902)

は，条件節から shall が省略された形であると説明している。

(1) a.　*If* he *like* you he *does not* hesitate to let you know it.

(MEG VII, 18.3₃)

(彼が君を好いているなら，そのことをためらわずに知らせてくれる)

b.　*If* a man once *fall* all *will* tread upon him.

(《諺》人はいったん倒れると皆が踏みつけようとする)［will は性向・傾向を表す：落ち目になると味方が減り敵が増えるの意で，諺として 16 世紀前期初出（諺の初出・起源は大塚ほか(1989)による：以下同断)］

(2)　*If* the counsel *be* [*is*] good, it *matters not* who gave it.

(《諺》助言は良いものであれば誰が与えたかは問題［重要］ではない)［17 世紀中期初出：「人をもって言を廃さず」；今日では，it matters not は it doesn't matter となる］

cf.　I doubt *if* it *be* [*is*] true.　　　　　　(齋藤 (1902))

(それは本当か疑わしい)［名詞節］

4.2.2.　過去仮定法を用いて (→ 10.2, 11.2)

過去仮定法が用いられた条件節は，① 開放条件として想像上の命題を立て，それが未来時に成立する可能性が極めて低いことを表す場合と，② 却下条件（→次章）として，現在の事実と異なること（反事実＝counterfactual）を表す場合とがある。本節では開放条件の例を示す。

(1) a.　(i)　She *would* be thankful *if* you *waited* for her.

(Declerck (1991))

(彼女を待ってやれば感謝するだろう)［開放条件：条件節が非状態・非進行相の場合，通常，未来時を表し，hypothetical possibility（仮想的可能性）の解釈を受ける］

(ii) She *will* be thankful *if* you *wait* for her.
（同上）［解放条件；現実的可能性］

b. *If* I *won* the lottery, I *would* buy a car.
（宝くじに当たったら車を買うのだが）［未来時を表すので (ai) に同じ：詳細は（→ 11.2.3）］

(2) *If* I *was to* translate this into Latin, I *should* render it by these two words, nolo episcopari. (MEG IV, 10.3(3))
（これをラテン語に翻訳しなければならないとしたら，次の2語 nolo episcopari でもって訳出することになろう）［was to には義務・取決めの意味が残っており (retains the meaning of obligation or arrangement), was に強勢が置かれる。上記出典の想像時制を扱っている章では類似の例文がいくつもあり，帰結節ではすべて過去形法助動詞が用いられているので，was to は仮定法と解釈せざるを得ない。対比される were to のほうは，漠然とした未来の可能性 (a vague possibility in the future) を表す（原著者）; nolo episcopari = I do not want to be bishop.］

4.2.3. 過去完了仮定法を用いて（→ 10.3, 11.3）

過去完了仮定法が用いられた条件節は，過去の事実と反対のことを仮定として提示する用法が圧倒的に多いが，以下のように，未来の仮想的可能性を表す開放条件として用いられることもある。仮定法の厄介なところは，用いられる時制の表す時間が，通常の（叙実法が表す）時制の表す時間とズレていることにある ('the verbs in hypothetical conditions are backshifted.' (Quirk et al. (1985: §15.35)))。

(1) *If* you *had come* tomorrow instead of today, you *wouldn't have found* me at home. (Declerck (1991))

(君が今日ではなく明日来たとしたら, 私は家にいなかっただろう)
[未来は不確定なので非事実を表すと言えなくもないが, 話者の思いの中では出来事が実現する可能性はゼロに近い]

(2) I hope he *has succeeded* this time; *if* he *should have failed* he *will* be sure to succeed next time. (井上 (1967))
(彼は, 今度は合格したことでしょう。万一不合格だったら, この次にはきっと合格します) [if 節に迂言形の過去完了仮定法が用いられている: 完了しているかどうかに対する強い疑い; cf. If he *should* fail, he will …]

NB 下記の Onions and Miller (1971: §89) の指摘は, すべての条件文に当てはまることであるが, 特に第3, 4章の諸例文に典型的に当てはまるのを見た。今後検討する仮定法の事実性 (factuality) を考える際にも有益と思えるので, 心しておきたい。

If-clause itself suggests nothing as to the actual state of the case; any implication of reality or unreality that the sentence contains is due to the sentence as a whole or to the context.
(if 節それ自体は, 出来事の実態 [命題の事実性] については何も示唆しない。文中に事実かあるいは非事実 [空想] かについて何らか暗示するものがあるとすれば, (その解釈は) 当該文全体もしくは文脈による)

たとえば, 例文 (1) は未来の非事実を表しているが, 仮に tomorrow instead of today という副詞語句がなければ, その条件文は過去の反事実を表す, という一般的解釈に傾く。上記の the sentence as a whole は言語的文脈 (linguistic context) のことを言うのであろう。

第 5 章

却下条件 (rejected condition)[1]

見出しは Jespersen (MEG IV, 9.1 (1)) が用いた用語であり,「事実に反する条件 (a condition contrary to fact)」のことである。次のとおり,一部の過去仮定法と,ほとんどの過去完了仮定法で用いられる。以下の例文はすべて反事実を表す。

5.1. 過去仮定法

条件節において状態を表す動詞が過去形の場合(進行形は行為・動作を状態化する),通常,現在時を表し,counterfactual の解釈を受

---

[1] 反事実を表す条件節は,話者の心理からすればその事実あるいは可能性を否認 (reject) しているのである。Jespersen は "rejected condition" or better "rejecting condition" と述べて,現在分詞を用いた呼称のほうを提案している。却下という訳語に疑問は残るが従来の呼称に従うことにする。Hornby (1956: §119d) は,仮定法の非事実・反事実をまとめて rejected condition としているが,両者は厳密に区別すべきものであろう。なおアラビア語には,if に相当する接続詞が 2 種類あり,条件節の内容を可能性として認められるかあるいは排除されるかによって,両者を使い分けるという (MEG, IV 9.1(2))。

ける。

(1) a. Or am I trying to please people? *If* I *were* still *trying* to please people, I *would* not be a servant of Christ.

(Galatians 1:10)

(それとも私は人間を喜ばせようとしているのだろうか。もし未だに人間を喜ばせようとしているなら、自分はキリストの僕ではない)［第1文は反語を表す修辞疑問である。ゆえに，後続するのは反事実を表す文であろうことは推測できる］

b. I *would* go out *if* it *wasn't raining*. (LDCE)

(雨が降っていなければ外出するのだが)［同辞典のパラフレーズは (=but it is raining, so I am not going out) である；weren't を併記していないので，was は仮定法としての用法が確立されていることになる］

c. You *wouldn't* be here *if* you *were waiting* for her.

(Declerck (1991))

(もし彼女を待っているんだったら，君はこんな所にはいないだろう)［以上，進行形：反事実］

d. *If* I *knew* the answer, I *would* tell you what it was. (ibid.)

(その答えが分かっていれば教えてあげるのだけど)［know は状態動詞；was は時制の一致］

(2) a. *If it were* [*was*] *not for* the fact that he is older and bigger than me, I *would* smash him. (ibid.)

(やつが俺よりも年上で図体が大きくなければ，ぶん殴ってやるのだが)［If it were not for は慣用表現 (=Without, But for)；しばしば倒置表現で表す：Were [*Was] it not for the fact that …；本節の if 節はすべて却下条件］

b. *If it was not for* the stupidity of the EU, the UK steel

industry *would* not be in the mess it's in.　(euractive.com)
(欧州連合の判断のまずさがなかったら，連合王国の鉄鋼業は現在のような窮地に陥っていなかっただろうに)［If it was not for の用例は多い；UK = the United Kingdom of Great Britain and Northern Ireland であり，Great Britain = England, Scotland, Wales を総称して用いるので，UK を英国 (= England) と呼ぶのは，厳密には正しくない］

5.2. 過去完了仮定法

(1) a. *If* I *had known* her name, I *would have told* you.
(彼女の名前を知っていたら，あなたに教えたのですが)［if 節は却下条件: In fact I didn't know her name.］［状態動詞］

b. The book *might have had* a greater pull *if* it *were* more optimistic. 　　　　　　　　　　　　　　　　　　(K)
(その本はもっと楽観的であったら，もっと大きな注意を引いていただろう)［従節仮定法の were は，指示時として現在も過去も表しうる。一般的には現在の反事実を表すが，本例の場合は過去の反事実を表す (→ 12.2.1(1))］

c. You *could have caught* the train *if* you *had hurried*.
(Hornby (1956))
(急いだら電車に乗れただろうに)［動作動詞］

詳しくは，「第 III 部　仮定法各論」の上記 2 種の仮定法を参照されたい。ここで，今まで検討してきた条件節の種類とそれらが表す事実／非事実／反事実性，および，用いられる叙法と指示時などの関係を表にして示す。○印は該当することを表す。

〈表1〉 factuality の観点から見た条件節の種類と叙法およびその指示時

条件節の種類		叙実法	仮定法			if 節の指示時（原則）
			原形仮定法	過去仮定法	過去完了仮定法	
Closed condition	A	○				過・現・未
Open condition	B	○	○	○/*	○/*	現在・未来
Rejected condition	C			○/*	○/*[1]	現　在
	C			○/*	○/*	過　去

1. 記号の意味：A＝事実 (factual)；B＝非事実 (nonfactual)；C＝反事実 (counterfactual)
2. 右端の欄の指示時 (reference time) は原則的なものであり，これに当てはまらない例があることは，以下に論じていく中で明らかになる。
3. asterisk (*印) は hypothetical condition (→ 5.3) を表す。(*[1]) については 12.3 節を参照。

5.3. 仮想条件

hypothetical condition（仮想条件）の意味について諸家の見解は一致していない。たとえば，Allsop (1987: §10.9.3) は過去完了仮定法の条件節がそれだと言い［過去時に適用］，Declerck は 8 頁脚注 4 で見たとおり未来時に適用している。ただし，1.3.3 節②で紹介した Quirk et al. の見解と Leech (1971: §163) の見解（'Hypothetical meaning implies an assumption, by the speaker, that the happening described did not, does not, will not take place.'（仮想的な意味とは，述べられている出来事が過去・現在・未来に生じなかった［ない］と，話者が

第 5 章　却下条件 (rejected condition)　　51

想定していることを意味する)) が同じなので，本書では hypothetical を上記のような意味に理解しておく。参考までに，Leech が挙げている仮想条件の例を（1a-c）で示す。

(1) a. *If* your father *had caught* us, he *would have been* furious.
   ((あのとき) 君のお父さんが僕たちのことを見つけたら，激怒したことだろう）［過去：contrary to fact (事実に反する)：... but in fact he didn't.]
   b. *If* you really *loved* me, you*'d* buy me everything I want.
   (本当にあたしを愛していたら，欲しいものは何でも買ってくれるでしょうに）［現在：contrary to assumption (想定に反する)：... but I assume that you do not love me.]
   c. *If* it *snowed* tomorrow, the match *would* have to be cancelled.
   (明日雪が降ったら，試合はやむなく中止されるだろう）［未来：contrary to expectation (期待に反する)：... but I don't expect it will snow.；以上，Leech (1971: §168)]
(2) a. *If* he *withdraws* into a city, then all Israel *will* bring ropes to that city, and we *will* drag it down to the valley until not even a piece of it *can* be found.

   (2 Samuel 17:13)

   (彼がもし都市の中に逃げ込んだら，全イスラエルは綱を持って行って都市を引き倒し，谷まで引いて行って遂にはかけら一つさえ見つからないようにするのだ）［敵の王を攻める計画の一部を述べたもので，その状況は現実に起こり得ることであると，話者が聞き手に思わせるような言い方；1 行目の will は話者の指示・命令を表す：叙実法］

b. *If* he *withdrew* into a city, then all Israel *would* bring ropes to that city, and we *would* drag it down to the valley until not even a piece of it *could* be found.

[比較するために上の英文を仮定法で表したもの：この部分を仮定法で表現している英訳聖書が皆無であるのは理由のないことではない。仮定法で表すと，話者の述べている状況が現実のものではなく，頭の中で空想した事柄の響きがあり，他人事のように聞こえる。つまり，本気度・迫真性に欠けることになる。cf. hypothetical＝implying lack of reality（現実性・事実性の欠如を含意する）（Quirk et al.（1985: §15.50））]

第1章から始めて今まで考慮してきたのは，叙述内容の「事実性」という観点からみた条件文である。これらを，命題の「実現性」という観点からみれば，事実＝実現，反事実＝非実現（＝実現不可能），非事実＝実現度の受け止め方に差がある，と一応考えてよいであろう。(2a, b) から分かるように，開放条件で用いられる際の叙実法と仮定法の違いは，叙実法は予測的（predictable）で命題実現の可能性があり，仮定法は内容の実現度が低く仮想的（hypothetical）である，ということである。後者については第10章以降で詳細に検討する。

第 6 章

間接条件

　これまで扱ってきた（閉鎖・開放・却下）条件は，前提・仮定条件などとして，帰結節との間に何らかの意味で論理的な，あるいは因果的な結びつきがあった。以下に扱うのは，そのような直接的な論理が働かない，あるいは因果関係が見られない条件である。

6.1. 非因果条件

　条件文の中には，条件節と帰結節の間に，因果関係を持たないものがあり，これを非因果条件（acausal condition）と呼ぶことにする。[1] 条件→結果という論理的な流れからして，非因果という名称は，本来は，帰結節のほうに冠すべきもので，非因果的帰結節とするほうが理屈に合っているといえる。標記の用語を用いることにした理由は，これまで条件節を論題としており，見出しには一貫して「○○条件」のように表記してきたので，用語上の統一を図る必要

---

[1] Quirk et al. (1985: §15.38) はこれを間接条件（indirect condition）と名付けている。

53

から生じたことである。非因果条件は，話者の話しぶりや発言の動機などに対する話者自身の注釈を添える働きがある。

(1) a. She and I are good friends, *if* you understand me.

(Quirk et al. (1985))

(彼女と僕は仲が良いんだ，僕の言っている意味を分かってもらえればの話だけれど)［原典著者はこの文を，I'm telling you that on the assumption that you understand me correctly. (君が僕の言っていることを正しく理解しているという前提で君にこのことを話しているのだが) の意味だという］

b. Where did your parents go, *if* you know? (ibid.)

(ご両親はどちらへ？もし知っていたら教えてほしいのですが)

(2) a. *If* you're so clever, what's the answer?

(君がそんなに頭がよい（という）のなら（尋ねるが），答えを言ってくれ)

b. *If* you ask me, this test is a little too difficult.

(Matreyek (1983))

(君が尋ねるのなら（言うが）［僕に言わせれば］，この試験は少し難しすぎる)

c. *If* you don't know, I won't be in town tomorrow. (G 大)

(君が知らないのなら教えておきますが，私は明日は町にいません)

(3) a. *Unless* I'm mistaken, she was back at work yesterday.

(OALD)

(私の間違いでなければ，彼女はきのう職場にもどった)［unless を用いた非因果条件：帰結節が過去］

b. *In case* he ever asks you, I don't know you.

(Quirk et al. (1985))

(彼がもしあなたに尋ねたら，あなたとは面識がないことにしてね)

cf.　*Since* you ask me, I'm up to my ears in debt. (ibid.)
（尋ねられたから言うが，僕は借金で首が回らない）［be up to one's ears in work [debt, problems, etc.] = to have a lot of work, etc. (LDCE)（…で身動きができない）］

以上すべての例において，条件節と帰結節には因果関係はない。「…のなら言うが」のような補い方をする表現は，最後の例のように，since を用いた文にも現れる。

6.2.　修辞条件

修辞条件 (rhetorical condition) とは，(1) 明らかにばかばかしいと分かる命題を帰結節に据えて，条件節の命題が誤りであることを示したり，逆に，(2) 条件節の内容が明らかに真であれば（この場合は尺度表現 (measure expression) が多い），帰結節の内容も真であることを強調したりする表現法である。この表現法は，6 頁 1.3.3 節で示したように，Quirk et al. (1985: §15.37) が，'direct/indirect condition' と対等の副詞節の一つとして，'rhetorical conditional clause' の中で詳しく論じている。

(1) a.　*If* she doesn't get first prize, she's no daughter of yours.
(Quirk et al. (1985))
（彼女が 1 等にならないなら君の娘ではないということだ）［= She certainly will get first prize.］

b.　*If* Dave's younger than me, *I'll eat my hat*.　　(ibid.)
（デーブのほうが僕より若いなら首をやる）［斜字体部は慣用表現 (= Dave's certainly not younger than me.)］

c. *I'll be hanged if* I know what he's driving at. (CR)
(彼が何を言おうとしているのかさっぱり分からない［分かっていれば首をやる］)

cf. He's *nothing if not* tough. (Quirk et al. (1985))
(彼はタフなだけが取り柄だ)［慣用表現（= He's certainly tough.)］

(2) a. Three of the watches were worth each five hundred dollars, *if one*. (Poe［吉川 (1957)］)
(時計のうちの三つは，各々たしかに 500 ドルの値打ちがありました)［少なくとも 1 ドルの値打ちがあるとすれば→確かに］

b. He's ninety *if* (he's) *a day*. (Quirk et al. (1985))
(彼はどうしたって 90 歳は確かだ)［原典著者は，If you'll agree that he's at least a day old, perhaps you'll take my word that he's ninety.（彼は少なくとも生後 1 日であることに君が同意してくれれば，彼が 90 歳だという私の言葉の意味をたぶん分かってくれるだろう）と説明している］

c. He stands six foot two, *if an inch*. (山崎 (1957))
(彼の身長は確かに 6 フィート 2 インチある)［foot（単数）は略式用法であり普通は feet とする］

d. His condition is, *if anything*, better than in the morning. (CR)

(彼の容体は午前中よりは少しはよいほうです)

cf. (i) They bore little *if any* resemblance to each other. (CR)
(彼ら二人はほとんど似ていなかった)［（互いに似通っていた<u>としても</u>，ほんの僅かであった）；if any, if ever, if at all などが「譲歩」の解釈を受けるのは，本例のように準否定辞（little, few）と共起する場合が多

(ii) She's as lovely as ever; more so *if anything*.

(GL)

(彼女は相変わらずきれいだ，しいて言えば前以上だ)
[「もし少しでもあるとすれば」→「どちらかと言うと，むしろ (rather)」]

6.3. 疑似条件

疑似条件 (pseudo-condition) という用語は，Jespersen (MEG V, 21.6$_5$) が用いたものである。以下の例のように，二つの節の対照を際立たせるために条件文の形式を借りたものであって，条件節と主節との間に因果関係はない。

(1) a. *If* they *are* poor, they are at any rate happy.

(大塚ほか (1983))

(彼らは貧乏だがとにかく楽しくやっている) [If = Even if]

b. *If* I *was* a bad carpenter, I was a worse tailor.

(MEG IV, 10.3(2))

(私は下手な大工だったが，仕立屋としてはもっと劣っていた)

c. *If* her mouth *was* rather large, everybody allowed that her smile was charming. (ibid.)

(彼女の口はいくぶん大きかったが，その笑顔が魅力的なことは誰もが認めた)

d. *If* he *had run* before, now he flew. (井上 (1967))

(前回走ったというなら，今回は飛ぶような速さだった) [過去完了が用いられてはいても仮定法ではない]

(2) a. *If* [= *Whenever*] he *had done* wrong, he always con-

fessed his fault. (MEG V, 21.6₅)
(彼は，悪いことをやってしまったときはいつでも過ちを認めた)
［同上］

b. *If* [*When*] I *make* a mistake, I am an idiot. *If* [*When*] my boss *make*s a mistake, he's only human.
(私が間違いを犯すと大ばか者であり，上司が間違いを犯すと彼もただの人間なのだから，となる)［職場での平社員の悲哀］

Jespersen の説明を借りるとすれば，(1b) は，'I really was bad as a carpenter, but I was worse as a tailor.' とパラフレーズできよう。Jespersen はこれを，if 節は，等しく真である二つの陳述（主節と従節）の対照を強調するために，修辞的に用いられる，と説明している。

第 7 章

条件表現に関連する諸事項

　本章では，条件節の中で用いられる過去形法助動詞，また，条件節の単独用法や語順倒置，さらに，条件文がとる一般的な音調について考察する。

7.1. 条件節の中の法助動詞

　条件節の中で，迂言形の仮定法を用いることがある。(1) は would, could が，(2) は might が過去仮定法として用いられ，(3) は迂言形の過去完了仮定法が用いられている例である。従節と主節で用いられるそれぞれ意味の異なる法助動詞の組み合わせに注目したい。

(1) a. *If* John *would* be able to break the record (if he really tried),
　　　　（ジョンが（実際にトライしてみて）記録を破ることができるとすれば）[（　）の中は潜在条件；上の条件節に対し帰結節としては以下 (i), (ii), (iii) のような法［形式］が可能である]

59

  (i) we *can* certainly break it.

    （われわれも必ず記録を破れるはずだ）［叙実法：非事実］

  (ii) we *would* be able to break it.

    （われわれも記録を破れるだろう）［過去仮定法：非事実］

  (iii) we *could have broken* it a long time ago.

    （われわれはとっくの昔に記録を破ったことだろう）［過去完了仮定法：反事実］   （以上, Declerck (1991)）

 b. *If* she *would* eat gold, he *would* give it her.

  （《諺》彼女が金を食べたいと言えば, 彼はそうさせてやるだろう）［彼は彼女の欲望は何でもかなえてやる人だの意；16 世紀後期の諺；would：前者は欲求を表す R 用法, 後者は P 用法］

 c. *If* you *could* run as you drink you *might* catch a hare.

  （《諺》飲みながら走れるならば, 兎を捕えることができよう）［17 世紀中期］

 d. We *would* be grateful *if* you *could* postpone the deadline. (K)

  （締め切り日を延期していただければ幸いに存じます）［以上の would, could, might は仮定法である］

  cf. *If* you*'d* just sign the register.

           (Thomson and Martinet (1988))

  （宿帳にご署名を頂けますか）［主節を言わなくても聞き手は当然応じてくれると, 話者は思っている：7.3(1) と比較］

(2) a. *If* wishes *might* prevail beggars *would* be kings.

  （《諺》願望がそのままかなうなら, 乞食も王様になれるだろう）［might =《古》could；17 世紀前期］

 b. I *should* be much obliged *if* I *might* have a few words with you. (GL)

  （ちょっとお耳を拝借できれば大変有り難いのですが）［非事実：

may（許可）の丁寧表現]

c. *If* I *might* go now, I *might* be able to catch the 8:30.
（今行ってよろしいなら，8時半の電車に乗れるかもしれません）
[条件節の might は「許可」を表す R 用法（→脚注）]

d. *If* she *might* arrive tonight, he *might* really leave the door open.
（彼女がひょっとして今夜到着する（可能性がある）なら，彼は本当に玄関を開けたままにしておくかもしれない）
[条件節の might は P 用法[1]]（以上，Streatfeild [井上 (1967)]）

(3) a. *If* a loan *would have saved* him, why *didn't* you give him one? (Declerck (1991))
（お金を貸してあげれば彼が救われたかもしれないのなら，なぜ君は貸してあげなかったのか）[P 用法が条件節に生じている珍しい例（= If it would have saved him if you had given …）；Declerck が付したパラフレーズからも分かるように，条件節自体に潜在条件が含まれている（パラフレーズした形は過去完了仮定法で条件節は反事実を表す）]

b. *If* you *would have allowed* them more time, I still think they *would have done* better.
(Carter and McCarthy (2006))
（彼らにもっと時間を与えてくださっていたら，もっとうまくやっただろうと今も思っています）

c. *If* a lie *could have choked* him that *would have done* it.
（《諺》もし嘘が彼を窒息させ得るなら，あの嘘はそうしたであろう）[あれは大嘘であったの意；17世紀後期；以上，反事実]

---

[1] 法助動詞の P 用法と R 用法の違いについては，92頁の脚注2を参照。

7.2. if を省略した条件節の倒置表現

　語順の倒置によって条件を表す言い方は，公式のスピーチや書かれた文章に見られる。(3a) のように否定形では縮約形を用いることはできない。現代英語においてこの用法で用いられる動詞句の最初の語は，通常，had, should, were の三つである。フォーマルな表現であり (Carter and McMarthy (2006), Sinclair (1990: §8.36))，条件命題が成立する可能性は低い (Chalker (1984: §6.26))。

(1) a. *Were* he *to* try that again, I'*d* go to the police.

　　　　　　　　　　　　　　　　　　　　　　(Declerck (1991))

　　　(仮に彼がまた同じことをしようとしたら，僕は警察へ行きます)
　　　[改まった言い方 (= If he were to …)]

　 b. *Were* she in charge, she *would* do things differently

　　　　　　　　　　　　　　　　　　　　　　(Quirk et al. (1985))

　　　(彼女が責任者だったら，違ったやり方をするだろう)

　 c. *Did* I not know for certain, I *should* not say so.

　　　　　　　　　　　　　　　　　　　　　　(西尾 (1984))

　　　(はっきり知らなかったら，こんなことは申しません) [= If I did not know for certain]

(2) a. I *will* warn him of that, *should* it be necessary.　(GL)

　　　(必要とあらば私がそのことについて彼に警告します) [= if it should be necessary]

　 b. *Should* you ⌄hear anything, you *might* let me ⌄know.　(Palmer and Blandford (1969))

　　　(何か耳にすることがあれば，私に知らせてください) [この倒置表現は主節の前にも後ろにも生じ得る。主節に用いる法は自由である (= 叙実法・仮定法・命令法のいずれを用いてもよい)]

c. *Could* [*Might*] I *but* see my native land, I *would* die a happy man.　　　　　　　　　　　(Quirk et al. (1985))
　　　　(故国を一目見ることさえできれば，幸せ者として死ねるのだが)
　　　　［上記の二種の助動詞を用いて倒置を行うときには，本動詞の前に just か but がくる］

(3) a. *Had it not been for* [**Hadn't it been for*] your timely rescue, she *would have been* drowned.
　　　　(皆さんの時宜にかなった救助がなかったら，彼女は溺死していたでしょう)［= If it had not been for …］

　　b. *Had* Mark *been* in charge, it *wouldn't have happened*.
　　　　　　　　　　　　　　　　　　　　(Quirk et al. (1985))
　　　　(マークが監督していたら，そんなことは起こらなかっただろうに)

　　c. *Had* you *obeyed* orders this disaster *would* not *have happened*.　　　　　　　(Thomson and Martinet (1988))
　　　　(君が指示に従っていたなら，こんな大惨事にはならなかったろうに)［原著者は条件文にコンマを使用しない］

　　d. "Based on what we know right now, we feel that *had* such a system *been installed* in this section of track, this accident *would not have occurred*," Sumwalt said.
　　　　(「現在分かっていることに基づいての感想だが，この路線区間にそうした装置（自動制御装置）が設置されていたなら，この事故は起きなかっただろう」)［2015年5月に起きたアムトラックの脱線事故についての米運輸安全委員会委員 R. Sumwalt の発言］

Allsop (1987: §10.9.4) は，以上のような倒置によって条件を表す形式は古風な文章表現（old-fashioned written form）なので，使用しないように勧めているが，全く個人的な見解であろう。

7.3. 独立節としての if 節／suppose 節

if 節には帰結節を伴わずに，驚き・困惑・願いなどを表す一種の感嘆文として，単独で用いる用法がある。しばしば only と共に，または否定文の形で用いられ，話を途中で急にやめる一種の頓絶法 (aposiopesis) といえる (→ 2.2.5(2))。

(1) a. Well, *if* it *isn't* old Hank!
 (やあ，ハンクじいさんじゃないか！) (GL) ［修辞条件節の独立用法：if 節の前に I'm damned を補って考える：e.g. I'll *be damned if* he wasn't right. (《口語》本当に意外にも彼の言うとおりだった) (→ 6.2)］

 b. And *if* he *didn't* knock me down!
 (いまいましい，あいつは僕をなぐり倒しやがった！)

 c. *If* I *had not forgotten*!
 (ちくしょう忘れてしまった！) (以上，CR)

 d. *If ever I heard the like of that!* (大塚ほか (1986))
 (こんな話が一体あるだろうか) ［慣用句］

(2) a. *Suppose* we *go* for a walk. (CR)
 (散歩に行きましょう)

 b. *Suppose* our teacher *should* find us. (GL)
 (先生に見つかったらどうなるだろう)

 c. *Suppose* something *had happened* to him! (CR)
 (彼の身に何か起こっていたとしたら (どうしよう))

(3) a. *Supposing* it really *is* a fire! (LDCE)
 (もし本当に火事だとしたら (どうしよう))

 b. But *supposing* he *sees* us? (OALD)
 (でももし彼にみられたら (どうしましょう)) ［文末の！や？な

どの記号に注意]

7.4. 条件文の音調

if 節は副詞節なので，[副詞節＋主節]，[主節＋副詞節] がとる音調の一般的な型に従う。以下の例は，BrE の文献から採ったものであり，三つの主要な音調は次の記号によって示す。「↘」＝(下降調：falling intonation)；「↗」＝(上昇調：rising intonation)；「↘↗」＝(下降上昇調：falling-rising intonation)。

7.4.1. 上昇調：if 節の音調の原則

一般的に言えることは，条件節の音調は，その位置に関係なく上昇調（↗）である。比較のため，譲歩節の音調を (2) で示す。以下の例文では，音調記号の<u>直後の語</u>は強勢 (stress) を受ける。最初の二つの例文で，強勢を受ける語に下線を付して示す。

(1) a. *If* there's ↗<u>time</u>, we can have a game of tennis after our ↘<u>bathe</u>.
（時間があれば，泳いだ後，テニスをひと試合しましょうよ）
[can は提案を表す]

 b. *If* it's all the same to ↗<u>you</u>, I'd rather ↘<u>walk</u>.
（君にとってどちらでもよいと言うのなら，僕のほうは歩きたいですね）

 c. Let's swim out to that ↘rock, *if* it's not too ↗far.
（沖にあるあの岩まで泳ごうよ，遠過ぎないならばの話だけれど）

 d. It'll be ready in a ↘moment, *if* you'll ↗wait.
（すぐに準備が整いますよ，待ってくださるならね）

(以上，Allen (1969))

(2) a. *Although* she was very ↗poor, she was extremely ↘honest. (Allen (1969))

(女はとても貧乏だったが，すこぶる正直だった）［譲歩節の音調は条件節の場合と同じ］

b. *Even if* that's ↘true, it doesn't [won't] make any ↗difference. (Palmer and Blandford (1969))

（それが本当だとしても何の違いも生じない［だろう］）［上昇調と下降調の位置が，上とは逆になっている］[2]

c. I *shouldn't* have time to ↗see him *even if* he ↘were here. (ibid.)

（仮に彼がこの場にいるとしても，彼に会う時間はないだろう）［後置された譲歩節が，前置された上例の場合と同じ音調である；仮定法］

7.4.2. 上昇調と下降調の意味の違い

われわれの発話は，常に整然と過不足なく行うわけではない。後から思いついたり，考え直したりして，付け足したりすることがある。いわゆる afterthought である。以下の例は，条件節を（完結した考えとして）最初から丸ごと伝える場合（=(a)）と，条件節が「付け足し」の場合（=(b)）とで，音調が異なることを示している。

(1) a. You'll be late *if* you don't hurry ↘up.

---

[2] 譲歩節の場合，Allen (1969)［初版 1954 年，新訂版 1965 年］と Palmer and Blandford (1969)［初版 1924 年，改訂版 1939 年］とで音調が異なる理由は，英語を母語としない筆者には分からない。わずか30年ほどで音調が大きく変わるはずもないので idiolect の違いによるものと考えられるが，いずれにしても，主節と従節の音調は互いに逆になるようである。米語の音調は一般的に言って flat であるので，本文で示した音調の傾向と異なるかもしれない。

　　　　（急がないと遅れますよ）［叙実法］
　b.　You'll be ↘late *if* you don't hurry ↗up.
　　　　（遅れますよ，急がないと）［同上；afterthought］
(2) a.　I'*d* buy a new one *if I could* ↘afford it.
　　　　（買う余裕があれば新しいのを買うのですが）［仮定法：非事実］
　b.　I'*d* buy a ↘new one *if* I *could* ↗afford it.
　　　　（新しいのを買うのですが，買う余裕があればの話ですが）［同上；afterthought］　　　　　　　　　　　　（以上，(Allen (1969))

7.4.3. 下降上昇調による暗示的な意味

　発話は音調によって，意味論的な（書き表された表面的な）意味のほかに，相手にそれとなく知ってもらいたい暗示的な意味（undertone），すなわち含意を表すことがある。文末の語を下降上昇調（∨）で発音することによってこの効果を生じさせる。もちろん，下降上昇調によって隠された意味を表すのは，条件文に限ったことではない。最後の2例がそのことを示している。

(1) a.　I'd like to come *if* I ∨may.
　　　　（許されるならば参りたいのですが）［含意：「異議を唱えてほしくない」(I hope there's no objection)］
　b.　It would be nice *if* you could ∨stay.
　　　　（うちに泊まってくだされればいいのですが）［含意：「でも，どうしても行かなければならないのでしょうね」(but I suppose you really must go)］
　cf.　(i)　I'd love to ∨go.
　　　　　　（行きたいのですがねえ）［含意：「可能であれば」(if only it were possible)］
　　　(ii)　That question's too hard for ∨me.

(その問題は私にとっては難し過ぎるんですけど）[含意：「でも，ほかの人だったらきっとうまく処理できるだろう」(but no doubt someone else could manage it)] (以上, Allen (1969))

☐ Just for Fun (1)
問 題

1. 下記の文で用いられている if 節は, (i) 閉鎖条件, (ii) 開放条件, (iii) 却下条件のうちのどれですか。記号で答えなさい。（答えは 88 頁にあります。）

   a. If you will undertake the affair I should be very grateful.
   b. If you will see him tomorrow, why are you phoning now?
   (安井[2])
   c. If they invited her to the conference, she would have attended.   (Quirk et al. (1985))
   d. If you had parked your car there, we could have kept an eye on it.   (Close (1975))

2. 次の文は曖昧文です。意味と用法を説明しなさい。

   If he found a patient listener, he would pour out his trouble.
   (Quirk et al. (1985))

第 II 部

仮定法の概観

第 8 章

法と仮定法

　本書では仮定法を，視点を変えながら波状的に扱う。第 I 部では，仮定法を開放条件および却下条件の視点から，叙実法と対比して検討した。本編は，いわば仮定法の概説ともいうべきもので，仮定法に関わるキーワードを紹介し，古風な仮定法の例（次章で扱う）ものぞいてみて仮定法の変遷に若干触れ，現代の仮定法の種類と形式を概観する。3 種類の個々の仮定法の詳しい用法については，第 III 部で扱う。

8.1.　mood / modal / modality

　数ある英語辞書の中から，mode と doublet（二重語）をなす mood（法・叙法）について最も的確な定義であると思えるものを引用して，下に記す。（宮内 (1955: 43) が，「最も注目に値する」定義として引用したものを補遺 2 に載せているので参考にされたい。）

(1)　In many languages, that aspect of verbs which has to do with the speaker's attitude toward the action or state ex-

pressed, indicating whether this is regarded as a fact (*indicative mood*), as a matter of supposal, desire, possibility, etc. (*subjunctive mood*), as a command (*imperative mood*), etc.: mood is shown by inflection, as in Latin and Greek, or by auxiliaries, as English *may, might, should*, or by both. (WNWD (1962))
(多くの言語において，(節の中で表される) 行為・状態に対する話者の (心的) 態度に関与する述語動詞の形相のことをいい，それによって表現内容である行為・状態が事実なのか (直説法／叙実法)，あるいは仮定・願望・可能性・その他の事柄なのか (仮定法／叙想法)，あるいは命令なのか (命令法)，等を示す。法は，ラテン語やギリシャ語のように動詞の屈折形によって，または英語の may, might, should のような法助動詞によって，またはその両方によって示される) [上記の may には法性が含まれているが，本書では過去形法助動詞のみを仮定法と見なす]

次に，日本語による定義を，石橋 (1973) から示す。

(2) ある事柄を，① 単なる事実 (fact) として述べる場合と，② 話者の意志や願望 (will) として述べる場合と，③ 話者の頭の中で考えられた想念 (thought) として述べる場合とでは，動詞の語形が変わることがある。このように話者の心的態度，すなわち，法性 (modality) を示す動詞の語形変化を法という。

以下の丸付き数字は筆者が付したものであるが，OALD の定義を借りれば，それぞれ次のようになろう。

(3) ① 叙実法 (indicative mood = the form of a verb that states a fact)

②　命令法 (imperative mood = the form of a verb that expresses an order)

③　仮定法 (subjunctive mood = the form (*or* mood) of a verb that expresses wishes, possibility or uncertainty)

ここではひとまず，②をわきに置いておく。すると，話者がある状況（命題）を述べようとするとき，発話内容に対して自分がどんな気持ち（心的態度）を抱いているかを表明する方法が，2 通りあることになる。一つは，話者が自分の考えや感情を控えて，発話内容（命題）を単なる事実として表現 (represent) する方法である（この場合の発話は nonmodal である）。今一つは，発話内容（命題）を事実としてではなく，話者の想念（可能性・必要性・願望・仮想・仮定など）として提示 (represent) する方法である（この場合の発話は modal である）。以上のことを，仮定法を論じる際のキーワードである modal と modality の定義から見てみる。

(4) An utterance is *modal* if the speaker represents the situation, not as a fact, but as uncertain, doubtful, contrary to fact, necessary, possible, obligatory, etc.

(Declerck (1991: 53))

（話者が状況を事実としてではなく，不確か，覚束なさ，反事実，必要，可能，義務などの判断を含ませて表す場合，発話には法性が宿る）[modal は本来 mood（叙法）の形容詞であるから，「叙法に関わる」という，諸種の叙法をひっくるめた包括的な意味のはずであるが，上記の定義で示されているように，叙実法に関わることは排除される。この点で諸家の見解は一致する。「状況」の中には，行為・出来事・状態・経過などを含めることができよう]

(5) *Modality* has been used in various senses. At its most general, *modality* may be defined as the manner in which

the meaning of a clause is qualified so as to reflect the speaker's judgment of the likelihood of the proposition it expresses being true.　　　　　(Quirk et al. (1985: §4.49))
(法性という語ははさまざまな意味で使われてきた。最も一般的な意味では，ある節が表す命題が真であることの蓋然性に対する，話者の判断を反映するような仕方でその節の意味が限定される際の表現手法，と定義することができよう)〔仮定法もしくは法副詞などを用いた文を念頭に置いた定義である。それに対し Lewis (1986: 52) は，modality の定義を与えていないが，発話に modality が含まれていれば，"話者はその出来事は非事実であり，脱時間的なものであるとの話者個人の解釈を導入することが可能になる"(modality allows the speaker to introduce a *personal interpretation of the non-factual and non-temporal* elements of the event) (italics in the original) と説明している〕

NB　有標と無標

　言語単位などにおいて，一般的で簡単なもの，規則的で予測のつくもの，頻繁に用いられるものなどは無標 (unmarked) である。逆に，複雑で予測がつかないもの，例外的なものなどは有標 (marked) である。たとえば，英語の5文型を説明する例文としてはシンプルなものがよい。複文を用いたり，否定文・疑問文などを用いることはしない。否定文・疑問文の場合は not の位置や語順についての説明を加えなければならない。それらは問題を複雑にし，文型の特徴・本質から目を逸らせて理解を困難にするだけである。肯定文―否定文，平叙文―疑問文の対立にあっては，前者が無標であり後者が有標である。また，年齢を尋ねる際の 'How old is he?' は無標であるが，'How young is he?' は有標である。さらに単数形―複数形という対立では，単数形が無標であり，現在形―過去形という対立では，現在形が無標である。要するに，文法などにおける複雑度を増すものは無標のものではなく，有標のものである。仮定法の文の場合は

指示時のズレなどに特別の注意を払わなければならない。ゆえに，叙法 (mood) において叙実法は無標，仮定法は有標といえる (Yule (1985)，安井[2])。

8.2. modality を表す表現手段

Declerck (1991) は，法性を表す表現手段として，5種類の方法を挙げる。以下の5項目のうち，③〜⑤の大部分は辞書が扱う分野なので，本書が扱うのは①，②である。Declerck が用いた例文をそのまま転記し，筆者のコメントを付す。これを見ると modality は仮定法を包摂する上位概念であることが分かる。

① 仮定法を用いて*1： I wish I *were* a girl.（僕が女の子だったらなあ）[*1 動詞の屈折形のことを指している。こんにちでは were/be にしか見られない]

② 過去形，過去完了形を用いて*2： I wish I *knew*.（知っていたらよいのだが）[a modal past]/If only you *had informed* me!（あのとき知らせてくれていたら！）(but you did not) [*2 本書では，従節仮定法に用いられる時制形のことで，叙実法の場合の過去形，過去完了形と形式は同じであるが，指示時が異なる。今日では，通常，主節では用いない。これらの時制によって表される法は，時制法 (tense-mood) [個々には modal preterite（法的過去）/modal pluperfect（法的大過去）(Zandvoort and van Ek (1975))] と呼ばれることがある]

③ 法助動詞を用いて： He *may* not be able to help us.（私たちを助けることができないかもしれない）[*Perhaps* he is not able ...]/He *must* be quite old now.（かなり年を取っているに違いない）[Declerck が載せたこれらの文は，前節 (4) の

modal の定義に適うので法性を有すると言えるが，本書では現在形法助動詞を用いた文は（Jespersen (1933b: §27) においては過去形法助動詞を用いた文も）仮定法とは見なさない。この点については，補遺 3 を参照されたい]

④ 法副詞を用いて： *Perhaps* he does not live here any more.（たぶんここにはもう住んでいないだろう）［節の内容の真実性に関する話し手の判断を表す法副詞（modal adverb）：certainly, probably［確信］；maybe, perhaps, possibly［不確かさ］；apparently, clearly, seemingly［心的知覚による評価］；actually, really［実在性］, etc.］

⑤ 形容詞を用いて： It is *possible* [*necessary*, *probable*] that ... の形式。［Carter and McCarthy (2006) は，法的意味を表すものとして，動詞の hope, feel, seem, think, forbid, permit, want などや be obliged to, be supposed to などを挙げ，さらには名詞（certainty, necessity, possibility, etc.）にも法的な意味があると言う（同書：§405）]

8.3. 仮定法の行く末

仮定法について，*Oxford English Dictionary* の一編纂者は，英語動詞の複雑な屈折変化が簡易化の方向にあることを指摘した後，次のように述べた。

(1) Perhaps in another generation the subjunctive forms will have ceased to exist except in the single instance of *were*, which servers a useful function .... (Bradley (1904: 43))
（一世代後には，有用な機能を果たしている were を唯一の例外として，仮定法の形態はこの世から消滅してしまっているだろう）

現代英語では subjunctive mood など認めずに，時制の用法の一つと見なすべきだと唱える学者もいる。Jespersen がその一人で，英語史の観点から仮定法を認めつつも，仮定法と叙実法 (indicative mood) との間に形態上の差異がみられなくなった以上，その二つの法は同一形態の異なった用法とみなせばよい，と指摘している。そして，たとえば過去時制が用いられている文が従来の仮定法に相当するなら，それは「時制の想像用法 (imaginative use of tenses)」であるというのである (Jespersen (1933a: §24.2$_{1-2}$))。[1] その考え方のほうが，仮定法を理解しやすいかもしれない。そのことは別としても，彼が「過去時制の想像用法」の中に含めた could, might, ought, would, should が，元来は過去仮定法に固有のものであったという指摘 (idem, 27.3$_2$) は，傾聴に値する。時の経過とともに〈have ~en〉の形式が付加され，法表現が整備されていく中で，今日の（迂言的）過去完了仮定法の姿に定着したものと考えられる。

いずれにせよ，Bradley の予見から，一世代どころか 100 年以上を経たが，未来完了 (will have ceased) はまだ完了していない。仮定法が，簡易化という英語の大きな流れの中で，形を変えながら生き延びているのには，それなりの理由があるからであろう。発話の際に人間が抱くさまざまな気持ち（遠慮・気おくれ・疑念・慎重さ・断言を避けたいなどの心理のあや）や，仮想の状況を表現したいという欲求は，時代が変わってもそれほど大きく変わるものではなかろう。単に情報を伝えるだけでなく，相手を意識した言葉のやり取り

---

[1] 同書は，形態だけから叙実法と仮定法の区別をつけることは 99％不可能だという。想像時制については，MEG IV の 9-11 章にわたって詳述されている。Declerck (1991: §12.2) は，（叙実法の過去（完了）と仮定法の過去（完了）とは形態が同じなので，叙実法と区別するために）過去仮定法，過去完了仮定法にかぎり，modal tenses（法的時制）と呼んで，前者は反事実か可能性の低いことを，後者は反事実を表すと述べている。

の中で，細やかな意味のニュアンスを，一つの文法形式（＝叙実法）だけで表現しようとするのは無理な話である。仮定法がなくなるとしたら，それは想像力の枯渇と人間関係の希薄，また文学の衰退という哀しい状況の変化と歩みを共にすることになろう。ちなみに，

(2) What *if* there *were* no hypothetical questions?
　　　（もし仮想された疑問がなかったとしたら，どうなるだろう）

という quip がある。この文自体が，仮想条件に基づいた質問（hypothetical question）になっている。実際，「仮に…だったら」という心の働きとそれを表す表現形式のない世界はどのようなものであろうか？

☐ **Just for Fun (2)**

Bolitho and Tomlinson (1988: U.2 §12) は，法助動詞や法副詞などを含む文を無作為に配列し，各文の命題の成立可能性を，パーセンテージで表すとどの段階に属するかを問う問題を提示している。法助動詞の違いによって命題成立の可能性に段階性（degree of likelihood＝gradient）が生じることは経験的に分かっていることであるが，それをパーセンテージで表せるのかについては，疑問を感じる。しかし，以下の問題は母語話者の gradient に対する感覚を，外国語として英語を学ぶ側が，ある程度理解する助けにはなると思える。問題を解く前に，代表的な段階図（高→低の順）の一つを示す（中野 (2014: §1.7)）。

① will / would – must – ought to – should – may – might – could
② certainly, definitely – doubtless, probably – maybe, perhaps

問 題

下記の各英文が示している〈Willy-be-in England〉という命題の成立可能性は，仮に下のように，Absolute certainty（絶対確実）から Out of the question（問題外）まで百分率の9段階で示した場合，どの位置にくるかを言いなさい。答えは記号（A, B, ..., I）で答えなさい。（答えは第15章の末尾にあります。）

[(A) 100%—95%; (B) 95%—85%; (C) 85%—70%;
(D) 70%—60%; (E) 60%—40%; (F) 40%—30%;
(G) 30%—20%; (H) 20%—5%; (I) 5%—0%]

1. Willy is definitely in England.
2. Willy may be in England.
3. There's an even chance that Willy's in England.
4. Willy might be in England.
5. There's no way that Willy could be in England.
6. Willy's probably in England.
7. Willy must be in England.
8. Willy just might be in England.
9. I doubt if Willy's in England.
10. Willy may very well be in England.
11. Willy could be in England.
12. Willy is likely to be in England.
13. Perhaps Willy's in England.
14. Willy's almost certainly in England.
15. Willy ought to be in England.

第 9 章

仮定法の種類と呼称

　仮定法とは，前の章で見たとおり，「話者が事柄を事実としてではなく，想念（仮定・願望・可能性など）と見なしていることを示す動詞の表現形式」のことである。[1] 上の「表現形式」とは，動詞の屈折形を念頭に置いたものである。しかし，今日の英語の仮定法の屈折形としては，従節の中において 3 人称単数現在で -s をつけないこと，各人称に be / were を用いること，にしか現れない。しかもこの現象は仮定法の一部であって，特に，過去(完了)仮定法の条件節においては，叙実法と同じ過去(完了)形が用いられる。そこで叙実法と区別するために，if … / as if … / I wish … 等で用いられるこれらの過去(完了)時制を従節仮定法と呼ぶのがよいと思われる。そして，帰結節（すなわち主節）の中の VP に過去形法助動詞が含まれる場合，その動詞句を主節仮定法と呼んで区別するのである。従来，この区別を付けずに仮定法を論じていたことが，仮定法の理解を困難にしていた。

　本章では，古風な仮定法の例や，subjunctive の語源，各仮定法

---

[1] 想念は「心の中に浮かぶ考え」（明鏡）と定義される。

の呼称の妥当性，帰結節の〈過去形法助動詞 + have ~en〉は過去完了仮定法と呼べるのかなどについて，簡単に触れる。

9.1. 古風な仮定法

今日の仮定法は，その淵源は古英語にある。仮定法が想念であることを動詞形によって明示された事実を，古い英語の例で示す。

(1) Hīe cwǣdon thæt hē wǣre gōd cyning.
　　（彼は良い王だと彼らは言った）[= They said that he *were* a good king. (that 節の were は仮定法) cf. They said that he *was* a good king. （叙実法）]
　　　　　　　　　　　　　　　　　　　　　　　　　　　　（細江 (1926)）

(2) a. I did not know if [whether] this rumor *were* true or not.
　　　（このうわさが事実かどうかは分からなかった）
　　b. I do not know if [whether] this rumor *be* true or not.
　　　　　　　　　　　　　　　　　　　　　　　（以上，Jespersen (1933a)）
　　　（このうわさが事実かどうかは分からない）[(2a) と共にやや古風な英語]

(1) を，細江 (1926: §157) の説明を借りて概説する。古英語において (1) のような名詞節（従節）では，叙想法を用いることが多かった。それは，独立文である He was a good king. (He wæs gōd cyning.) の場合と (1) とは，根本的な違いがあるからである。独立文では話者は，述べた内容をみずから確信し事実として述べている。ところが (1) の場合は，話者が事実として述べているのは 'They said' の部分だけで，that 以下（従節＝次頁脚注の例文で示されているように，主節に接続されたもの）は they なる人の考えであって，その意見の当否（すなわち事実か否か）は話者の与り知らぬこと，あ

るいは判断を下す必要のないことである。[2]

He was a good king. のように，話者が事実と思うことを述べるには叙実法（Fact Mood；通称 Indicative Mood）の was [wæs] を用い，他方，'They said that he was（古くは were [wɛ̄re]）a good king.' のように，that 以下を他人の言い表した一つの想念として述べるには叙想法（Thought-Mood；通称 Subjunctive Mood）が用いられたのである。[3]

以上の説明により，叙法（mood）の違いが動詞の形態に表れた理由がよく分かる。(2a) も同様で，I *did* not know は，話者が「知らなかった」事実を述べるために叙実法（did）を用いている。他方，従節で were（過去仮定法）が用いられているのは，話者が「おのれの知らない」ことに対し，「事実だ」と確信していることを示す叙実法の was を用いることができないからである。以上はあくまで古英語の場合の扱いであって，今日では叙実法の was を用いる。(2b) は (2a) の主節を現在時制に移した表現であり，上記の説明がここでも当てはまる（4.2.1 節 (2cf.) の例文で be が用いられている理由も同様）。

NB 1. 古期英語では従節と主節の双方に非迂言形の過去(完了)仮定法が用いられた。

---

[2] 伝達者が伝達内容の真偽についての保証の位置に立つことを避ける用法が，ドイツ語にもあると細江 (1933: §14) は言い，次の例を挙げている。Er sagte mir, dass seine Mutter krank *wäre* [*sei*].（= He told me that his mother *were* [*be*] ill.）[wäre は sein の接続法第 2 式，sei は接続法第 1 式と呼ばれる]

[3] 石橋『高等簡約英文法』（成美堂，1957），中島 (1980)，安藤 (2006) は直説法／仮定法ではなく，叙実法（Indicative Mood）／叙想法（Subjunctive Mood）という用語を使い，中島 (1955) および山崎 (1957) は原語をそのまま用いている。

(i) *If* it *were* so, it *were* well.
　　(そうであれば好都合だろう)（OE）

(ii) *If* it *were* so, it *would* be well.　（同上）（ME）

(iii) *If* I *had been* there, I *had been* killed.
　　　(そこにいたら殺されていただろう)（OE）

(iv) *If* I *had been* there I *should have been* killed.
　　　（同上）（ME*）[*原書では OE となっているが ME の間違いであろう]
　　　　　　　　　　　　　　　　　　　　（以上，齋藤 (1902: 428)）

2. 齋藤 (1937) が本書でいう従節仮定法 (tense-mood の一つ) を「付属法」と呼んでいることと併せ，subjunctive の語源を探ると，上述の細江の挙げた例文がなぜ subjunctive であるかの説明がつく。(<L. *subiunctivus* "serving to join, connecting" (結合の役目をする，接続する) <*subiungere* "to append, add at the end, place under" (末尾に付け加える，下位に置く) <*sub* "under" + *iungere* "to join"; ラテン語の *modus subiunctivus* "mood to be subjoined" (続けて置くべき法) はおそらくギリシャ語の *hypotaktike enklisis* "subordinated" (下位に置かれた，従属させられた (＝主節の下位節として従属的に接続された)) を借用翻訳したものらしい。ギリシャ語ではほとんどすべての従属節に subjunctive mood が用いられるという (etymonline.com)：本書で非迂言仮定法を，従節仮定法と呼んだ理由はここにある。subiunctivus の綴りの 'i' は，のちに半母音の 'j' に取って代わられた。)

もっと時代が下って，近代英語が確立していた 19 世紀の文人が古い仮定法を用いている例も見ておきたい。

(3) Mrs. Allen, my dear Mrs. Allen, has been that rare thing, a beauty; and *although* she *be* now an old woman, I *had* almost *said* that she is so still.

　　　　　　　　　　　　　　　(Mary Russell Mitford [福原 (1959)])
(アレン夫人，わがアレンさんの奥さんは，稀な存在，美人であった。今はもうお婆さんだが，現在も美人だと言ったってよい)

1843年に刊行された雅文調のエッセイである。現在時制で埋め尽くされている文脈の中で，いきなり過去完了（had said）が出てきている。これは仮定法なのである。同時代の作家は雅文であることを意識しなければ，be（原形仮定法）の代わりに is（叙実法現在）を，また古風な仮定法である had almost said の代わりに might almost say を，用いたはずである。どちらの仮定法も，意識して擬古体を模したものであろう。（興味深いことに，最後の is は，時制の一致を受けていない。著者が，アレン夫人＝美人，を現在の事実だと思っている ［tense よりも mood が優先される］からである。）

　ところで，仮定法の呼称についてであるが，Subjunctive を日本語でどう呼ぶかは，過去においてもいろいろ試みられてきた。たとえば，仮設法，仮想法，接続法，付属法，叙想法などがある。仮定法という訳語が定着したのは，第二次大戦後に我が国で発行された数々の英文法書がこぞってその用語を用いたこと，そして，文部省が出した「学習指導要領」（中学編（1958），高校編（1960））に，「仮定法」なる用語が登場したことで決定的になったようである。我が国の英文法教育史のなかで仮定法がどのように扱われてきたかは，伊藤（2002）が詳しく論じている。

　それにしても，細江（1926）が叙実法／叙想法という言語用法の実体を見抜いた訳語を創案したのに，これが我が国の学校英文法に定着しなかったのは，英語学習者にとってまことに不幸なことであった。叙想法という用語を使えば，気後れ・遠慮（diffidence）・控えめ（tentativeness）・ためらい（hesitation）・非難（reproach）など，心の状態（modality）を表す would, could, might, etc. がなぜ叙想法なのかを，多言を要せず直感的に把握できたはずである。

　本題に戻るが，以下において，仮定法の種類についての従来の呼称の問題点（特に，仮定法現在および仮定法未来）や，過去完了仮定法の帰結節で用いられる動詞形式などについて検討する。

9.2. 仮定法の種類と呼称について

Thomson and Martinet (1988: §290) は，仮定法を扱った章の冒頭で次のように述べている。

(1) The present subjunctive has exactly the same form as the infinitive.
(現在仮定法は不定詞（＝動詞の原形）と同一の形態を示す)

多くの参考書や教科書が 'subjunctive present' と表記するところを，上記では語順を逆にして表現している。[4] 古代英語を扱う場合ならいざ知らず，現代英語を学ぼうとするわれわれにとって，この表現は大きなヒントになる。従来，仮定法過去，仮定法過去完了と呼ばれていたものを，上記から示唆を得て，本書ではそれぞれ過去形仮定法 (past subjunctive)，過去完了形仮定法 (past perfect subjunctive) と呼ぶ（ただし，誤解は生じないので形は省略する）。従来の仮定法現在も，用いられる動詞の語形から，原形仮定法 (root subjunctive) と呼ぶことにする。次の (2), (3) を比較してみよう。

(2) a. *If it be* fine tomorrow, I *will* go.
(明日晴れるなら行きます) ［仮定法現在（従来の呼称）］
 b. *If it is* fine tomorrow, I *will* go.
(明日晴れるなら行きます) ［叙実法現在］
(3) If you *dislike* it, say so. (石橋 (1975))
(それが嫌いなら，言ってくれ)

---

[4] Quirk et al. (1985), Huddleston (1988) なども同じ表現を用いている。石橋 (1973) は左記の著作より十数年も先に，原形仮定法，過去仮定法，過去完了仮定法という用語を採用している。

今日ふつうの状況で，(2a) のような言い方をする人はほとんどいない。動詞の屈折変化の多くが消失した現在，仮定法を論じる（時制を論じるのではない）のに「仮定法で用いる現在形 (be)[5]」が相応しいか，「現形 (be) を用いる仮定法」が相応しいか，衆論の赴くところ自ら明らかであろう。(3) は，①叙実法現在，②原形仮定法のいずれの解釈も可能な曖昧な文であるが，一般的には叙実法の現在時制とみなされる。無標の読みが優先されるからであろう。

　仮定法の呼称については，もう一つ，仮定法未来と呼ぶものも問題である。参考書や教科書の中には，未来の不確実なことを仮定する 'if … should ~'（万一〜したら），'if … were to ~'（仮に〜したら）を含む文を，仮定法未来と呼んでいるものがある（かつてあった）。この名称を，次のような理由で，本書では用いない。理由の一つは，

(4) a. *If* I *missed* the train, we *should* have to wait an hour at the station.　　　　　　　　　　　　　　　（井上 (1967)）
　　　（もし電車に乗り遅れたら，駅で1時間も待たねばならないだろう）［未来時に言及］

　b. *If* you *had come* tomorrow instead of today, you *wouldn't have found* me at home.　　（Declerck (1991)）
　　　（君が今日ではなく明日来たとしたら，私は家にいなかっただろう）［未来の事柄を表す］

と，ふつうは過去仮定法／過去完了仮定法とされるものまでも，仮

---

[5] be 動詞の現在（形）は am, are, is であって，be ではない。また古英語に be という語形はなく，be 動詞の原形とされるものは3種類あった (sindon, bēon, wesan)。bēon は仮定法現在（本書では原形仮定法）と命令法に用いられていた。（「古英語の文法」[ja.wikipedia.org]）

定法未来と呼ばなければならなくなるからである。もう一つの理由は，もっと根本的なものである。過去仮定法や過去完了仮定法は，叙述内容の時間的観点からではなく，用いられている動詞の形態から名付けられているのに，'if ... should ~', 'if ... were to ~' の場合に限り，動詞の形態ではなく時間的意味で分類するのは，分類に二重の基準を用いていることになる。よって，本書では 'if ... should ~', 'if ... were to ~' は過去仮定法とみなす。[6]

9.3. 帰結節

今まで述べてきた仮定法の名称は，屈折形が現れやすい条件節の動詞形を基準にして定めたものである。ここで，帰結節の中で用いられる過去形法助動詞（を伴う動詞句）は仮定法なのか，という疑問が生じる。結論からいえば仮定法である。帰結節で用いられる would, should, might, could は，それぞれ will, shall, may, can の屈折変化形であり，過去形であるのに叙述内容を過去に位置付けるものではない。むしろ，話者が発話時［＝常に現在］において，叙述内容を想像した事柄（非事実か反事実かの判断）であること，つまり叙述内容が法性を有することを聞き手に伝えようとするシグナルの役割を果たしているといえる。過去仮定法・過去完了仮定法に限っていえば，一般に仮想的 (hypothetical) な事柄を伝えるものであるから，読者が発話内容が仮想のものであることを伝えたいときに，聞き手に注意を促す有標 (marked) の過去形法助動詞は，

---

[6] 現在［未来］のことを述べるのに動詞や助動詞の過去形を用いる理由を，柏野・内木場 (1991) は大略次のように説明している。「過去形は現在との関わりを断つことがその主な機能である。ゆえに，現実（＝事実）から遊離した事柄（＝仮想の事柄）を表したいときに，過去形を用いることによってその現実からの距離感を出している」。

第9章　仮定法の種類と呼称　　87

うってつけの役割を与えられることになる。

　いま論じている帰結節の動詞句の表現形式には，歴史的な経緯がある。今まで共時的（synchronic）な立場から仮定法を論じていたのに，ここに至って通時的（diachronic）な観点を持ちだすのはご都合主義だと思われるかもしれない。だが，人間の心理や心に抱く想いというものは時空を超えて共通のものであって，その表現の仕方が時代によって異なっているだけである，という事実を無視することはできない。過去にさかのぼって事実を知れば，事柄の理解がより深まることがあることは否定できない。

　そこで参考のために，次の事実を考慮してほしい。既述したところであるが，古い英語では，過去完了仮定法は次のような形式で表された。

(1)　Lord, *if* thou *hadst been* here, my brother *had not died*.

（John 11:32, *KJV*）

（主よ，もしあなたがここにいてくださったら，私の兄弟は死ななかったでしょうに）[*KJV*（欽定訳聖書）は1611年発行。次の現代訳と比較：Lord, *if* you *had been* here, my brother *would not have died*.]

欽定訳では，条件節も帰結節も反事実を表しており，過去完了仮定法である。引用した二つ（欽定訳と現代訳）の聖句の対応する斜字体部を比較すれば，過去形法助動詞を伴う帰結節も，古英語の過去完了仮定法に相当するものであるという結論になる。また，現代訳の迂言仮定法はかつて「複合仮定法」（composite subjunctive）と呼ばれたことがある。その視点からみると，主節仮定法の動詞句を構成するのは，[would（＝過去仮定法）]＋[have ~en（＝完了形）]であり，条件節と帰結節との間に名称上の矛盾はない。過去完了仮定法が，通常，過去時を指示するのは，時間の過去性が完了アスペクト

によって伝えられるからである (pastness of time can be conveyed by the Perfect Aspect (Leech (1971: §166)))。

□ **Just for Fun (1) の答え** (p. 68 を参照)

1. a. (ii)（その件をお引き受けくださるならありがたく感謝いたします）[will は意志・自発心を表す]
   b. (i)（明日彼に会うことになっているのなら、なぜ今電話するのですか）[条件節の命題が未来時のある時点で成立するという前提に立つ読みである]
   c. (iii)（招待されていたら、彼女は会議に出席していただろうに）[原著者によれば、過去時に言及する hypothetical past perfective (＝過去完了仮定法) の代わりに hypothetical past (＝過去仮定法) が用いられたもの；この用法は、informal AmE だといわれる（同書：§14.23）。比較：If they invited her to the conference, she should have attended. (招待されていたというのなら、彼女は会議に出席すべきだったのに) の場合は、if 節は閉鎖条件]
   d. (iii)（君がそこに駐車したなら車を見張っていることができたのですが）[過去完了仮定法]
2. a. 辛抱強く話を聞いてくれる人が見つかったら、彼は自分の悩みをすっかり打ち明けることだろう。[過去仮定法]
   b. 辛抱強く話を聞いてくれる人が見つかると、彼は自分の悩みをすっかり打ち明けるのであった。[叙実法]

第 10 章

仮定法を用いた条件文の形式

　条件節の仮定法（一般的には非迂言形）と帰結節の仮定法（迂言形）とは，その表現形式が異なるにもかかわらず，従来はどちらも単に過去(完了)仮定法などと呼んできた。従節／主節の違いによるそれぞれの仮定法は，区別して呼んだほうが混乱を避けられるので，前章で提案したとおり，条件節で用いられる仮定法を「従節仮定法」，帰結節で用いられる法助動詞を含む仮定法を「主節仮定法」，あるいは迂言仮定法（periphrastic subjunctive）と呼ぶことにする。[1] 以下のプラス記号の左側（IF で示す）が従節仮定法，右側が主節仮定法とすると，以下に示すとおり，仮定法の種類ごとに特有の定式で表すことができる。

　この章をもって仮定法の概観を終えることになる。本書は，条件文の構成と種類を考察することから始めたので，主題をなす仮定法の種類と形式を概観して，第 II 部を締めくくることにする。

---

[1] たとえば，形容詞の比較変化には，narrower, narrowest のような屈折(語尾)比較変化と，more narrow, most narrow のような迂言比較変化とがあり，後者の名称にならって名づけたもの。

10.1. 原形仮定法

原形仮定法を用いた条件文の典型的な形式は，次のとおりである。

(1) 形式： [IF ... 動詞の原形] + {S will [shall, can, etc.] + 動詞の原形}

ただし，この形式で用いる仮定法は，一般的に言って古風であり，ふつうは叙実法で表現される。

(2) a. (There) any man *may* stand, *if* he *have* the courage to speak out.　　　　　　　　　　　　(P. Buck [石橋 (1973)])
    (堂々と意見を言う勇気があるなら，どなたでもそこに立ってよろしい) [speak out = speak boldly and freely (LDPV)]
  b. The soil, *be* it ever so rich, must be fed.

　　　　　　　　　　　　　　　　　　　　　(Maugham [石橋 (1973)])
    (土壌は，どんなに肥えていても，肥料を施さなければならない) [語順倒置]

(3) *If* this *be* so, we *are* all at fault.　　　　　　(細江 (1926))
    (もしそうだとしたら，私たち皆が間違っている [責任がある]) [帰結節に叙実法現在が用いられるのは稀]

10.2. 過去仮定法

この仮定法が用いられる条件文の典型的な形式は，次のとおりである。

(1) 形式： [IF ... 動詞の過去形*] + {S would [could, might, should] + 動詞の原形}

第 10 章　仮定法を用いた条件文の形式　　91

この形式の仮定法は，

　　① 却下条件として，現在の事実ではないこと（＝反事実）を表す。（*動詞が be 動詞の場合は，すべての人称・数において were を用いることが可）
　　② 開放条件として，生じる可能性の低い未来の事柄（＝非事実）についても述べることができる。

(2) a. *If* I *knew* her name, I *would* tell you.
　　　（彼女の名前を知っていたら，あなたに教えるのですが）［状態動詞が用いられ反事実を表す］

　　b. *If* God *were* your Father, you *would* love me. (John 8:42)
　　　（もし神があなた方の父であるならば，あなた方は私を愛するはずである）［同上：イエスの言葉で，「あなた方」とはイエスに敵対するユダヤ人；この条件節は，反事実を表す表現として，ほとんどすべての英訳聖書で同じ形式を用いている。帰結節で ye would have loved me (*DBT*) を用いたものがある；ye（《古》汝ら）は 2 人称 thou の複数形］

(3) a. *If* he *shaved* off his beard, he *would* have a real baby-face. (Declerck (1991))
　　　（彼は，あご髭を剃ったら全くの童顔になるだろう）［動作動詞が用いられ非事実を表す；baby (-) face = a smooth round face like a baby's (NOAD)］

　　b. *If* we *left* immediately after breakfast we *would* reach the cottage by lunch-time. (ibid.)
　　　（朝食後すぐに出かければ，昼食前には山荘に着けるだろう）［同上： 叙実法を用いた次の言い方よりも仮想的意味合いが強い。cf. *If* we *leave* immediately after breakfast we *will* reach ...］

10.3. 過去完了仮定法

この仮定法が用いられる条件文の典型的な形式は，次のとおりである。この仮定法は，通常，過去の事実と異なること（＝反事実）を表す。

(1) 形式： [IF … 過去完了形]＋{S would [could, might, should] have ~en}

(2) *If* I *had known* her name, I *would have told* you.
(彼女の名前を知っていたら，あなたに教えたのですが）[反事実：再掲 (5.2(1a))]

この迂言仮定法が過去の事実の反対を表すため，次のように条件節に用いられることがある（→ 7.1(3)）。

(3) a. *If* he *could have helped* me, he *would have done* so.
(彼は，私を手伝うことができればそうしただろう）[R 用法の法助動詞はしばしば if 節に生じる][2]

  b. *If* you *could have done* so, you *would have torn* out your eyes and *given* them to me. (Galatians 4:15)
(あなた方は，もし可能であったら，自分たちの目をえぐり出して私に与えてくれたでしょう）[上例と共に反事実]

叙実法を含め，今まで検討してきた仮定法の帰結節を，第 I 部「条件文」で扱った条件節との関係で捉えると，次のように言うこ

---

[2] R 用法とは，本動詞に可能・義務・許可・必要・意図などの意味付けをする法助動詞の根源的用法（root use）のことであり，命題が成立する蓋然性を査定する P 用法（命題の蓋然性査定用法）と区別される。従来，前者は義務の用法（deontic use），後者は認識様態的用法（epistemic use）などと呼ばれた。詳しくは，中野 (2014: §1.3) を参照。

とができよう．仮に，A＝事実（factual），B＝非事実（nonfactual），C＝反事実（counterfactual）とすると，条件節においていったん A, B, C に染め分けされると，一般論として，帰結節でもそれに応じて A, B, C の解釈を受け，その解釈に応じた文法形式（叙法）が要求されるということである．このように，条件節が A［B, C］であれば帰結節も A［B, C］であるというのが普通の照応の仕方であるが，叙実法を用いた閉鎖条件の場合には，例外があることはすでに見たとおりである（2.1(2)）．もっとも，帰結節に至って初めて条件節が仮定法であったことに気づく場合があることも事実である．本章で考慮したのは，3種類の仮定法の基本的・一般的な事柄である．各仮定法それぞれの特有の用法については，後のいくつかの章で詳しく扱う．また，従節と主節の動詞形が例外的に照応するケースについても後述する（第 12 章を参照）．

第 III 部

仮定法各論

第 11 章

仮定法 3 種の用法詳説

　文法としての仮定法は，形式は簡単であるが，意味は複雑きわまりない。その意味を，あるときには命題の事実性の観点から，あるときには命題の実現性の観点から考察しなければならない。さらに，あるときには，遠慮・ためらい・控えめ・丁寧・皮肉などといった話者の心態の面を考慮する必要があり，ある場合には表現の堅苦しさ（level of formality）も考慮に入れなければならない。この問題は本章にとどまらず，巻末まで付いて回る問題である。本章では 3 種の仮定法の用法・意味を精査する。

11.1.　原形仮定法

　主な用法は五つである。① 命令・要求・主張・提案・妥当などを表す動詞・名詞・形容詞の後に続く that 節で；② 祈願・誓言等を表す独立節で；③ 目的・譲歩などを表す副詞節で；④ 条件を表す if 節で；⑤ 慣用表現として。

11.1.1. ① 命令・要求・主張・提案・妥当などを表す動詞・名詞・形容詞の後に続く that 節で

冒頭に挙げた that 節において，イギリス英語では［should + 原形］を用いるところを，アメリカ英語で動詞の原形を用いる用法がある。主節の動詞が過去時制であっても，that 節には原形を用いる。[1] Quirk et al. (1985: §3.59) は，この用法を特に命令仮定法 (mandative subjunctive) と呼んでいる。以下の (1), (2) では that 節に原形仮定法を要求する動詞の例を，(3) では同様の名詞の例を，(4) では形容詞の例を挙げる。どの品詞も，(フランス語を経由した) ラテン語由来の単語が多いのが特徴と言える。

(1) a. They *demanded* that the Government *reconsider* its plan. (Imai et al. (1995))
  (彼らは政府がその計画を再考するよう要求した)［主節の主語が過去時制でも that 節の動詞は原形のままである：cf. They *demand* that the Government *reconsider* its plan.（彼らは政府がその計画を再考するよう要求している）［現在時制で用いられており，Government が単数 (AmE は集合名詞を単数扱い) であるにもかかわらず reconsider*s* となっていないのは原形仮定法のため］］

  b. The committee *recommended* that the company (*should*) *invest* in new property. (Swan (1980))
  (委員会は会社に新たな土地に投資するよう勧告した)［Swan (1980: §580) は，BrE では should を用い，原形仮定法を用い

---

[1] 主節の動詞が現在時制の場合は shall を用いることがある。e.g. The future is not fixed but wide open, and the responsibility of determining what it *shall* be *lies* with them. (原沢 (1980))（未来は定まったものではなく広く開放されている。ゆえに，それがどのようなものにするかを決定する責任は彼らにある）

るのは AmE で，それも改まった (formal な) 言い方であると説明している。また会話の中では，The committee *recommended* the company *to invest* in ... を含む他の言い方をする，と言う]

c. (i) She *insisted* that he *be* present.
(彼女は，彼がその場にいるようにと要求した)［仮定法＝She wanted him to be there.]

(ii) She *insisted* that he *not be* present.
(彼女は，彼がその場にいるべきではないと主張した)［仮定法：not の位置に注意]

(iii) She *insisted* that he *was* present.
(彼女は，彼がその場にいると言って譲らなかった)［叙実法＝She knew that he really was there.]

(以上，ego4u.com)

(2) a. They *demanded* that the statue *not be* put up.
(彼らは像を建てないよう要求した)［否定辞の位置に注意；cf. The statue *was not* put up.; I *demand* that you *all be* [*be all*] here./I *demand* that you *always be* [*be always*] here. ［副詞類は be の前にくる]]

b. The Senate *has decreed* that such students *not be* [*be not*] exempted from college dues. (安井[2])
(評議会は，かかる学生は大学納付金を免除されるべきではないとの決定を下した)［原形仮定法の場合 not は原形動詞の前に置かれるが，be の場合に限り後ろに置くことも可]

上に示したすべての例において，主節の動詞が過去時制であっても，従節内では原形仮定法のままである。この用法で用いられる動詞は advise, command, decide, insure, order, propose, request, require, suggest などである。

(3) a. They made a strong *request* that the recommendations (*should*) *be* carried out.　　　　　　　　　　　(R 大)
(彼らは，それらの勧告が実行されるよう強く要望した) [that 節は request と同格の名詞節]
　b. He proposed a *motion* that the chairman *resign*.

(Declerck (1991))

(彼は，議長辞任すべしとの動議を提出した) [that 節は motion と同格の名詞節]

この用法で用いられる名詞は claim, condition, decision, decree, demand, insistence, intention, motion, proposal, requirement, resolution, rule などである。

(4) a. The president said it was *imperative* that the release of all hostages *be* secured.　　　　　　(Declerck (1991))
(大統領は，人質全員の解放が保証されることが絶対に必要だと言った) [imperative = extremely urgent or important; essential (CED)]
　b. It was *urgent* that food and clothing (*should*) *be* sent to these areas of Africa.　　　　　　　　　　(K)
(食糧と衣類を，アフリカのこれらの地域に緊急に送る必要があった)
　c. It was *vital* that every soldier *not use* a radio.

(englishclub.com)

(全兵士の無線機不使用が不可欠であった) [not の位置に注意]

この用法で用いられる形容詞は advisable, appropriate, compulsory, desirable, essential, fitting, important, necessary, obligatory, proper, vital などである。

NB 1. 原沢 (1980: 554) は，上記の AmE 語法が広く知られていることを述べた後，「私は記憶の便宜と事態を印象的ならしめるためにこの現象を American Subjunctive と呼びならわしている」と言っているので，American Subjunctive という言い方の起源は同氏にあるようである。また，Am. Subj. を従える 261 例を，動詞の使用頻度ごとに調査した結果を発表しているので，これも参考のために転記する。demand (88 例; 33.3%); propose (44 例; 16.9%); suggest (32 例; 12.3%); insist (23 例; 8.8%); urge (16 例; 6.1%); request (15 例; 5.7%); recommend (10 例; 3.8%); ask, require (各 7 例; 2.7%); その他 desire, argue, plead, provide, etc. は僅少。(『英語教育』1975 年 8 月号を転載したもの)

2. 中野 (2014: 111fn.) は，このような動詞の原形にはまだ解明されていない何らかの法的意味を有する可能性があるという野村 (2007) の見解を紹介した。Zandvoort and van Ek (1975: §221) は，いわゆる American Subjunctive を，optative mood (祈願法) と見ている。他方，Jespersen (MEG IV, 11.7(4)) は，この原形に未来を暗示する命令の感じを受けるとし，また Leech (1971: §158c) は，何がしかの願望・意図 (some element of wish or intention) が表れていると見ている。いずれにせよ，共起する上述のような動詞に，expectation という含意を感じることと無縁ではないようである。

11.1.2. ② 祈願文 (optative sentence)[2]

(1) a. God *bless* you!

---

[2] optative の発音について Fowler (1926) は，「この語の natural な (普通の；気取らない) 発音は古来 [ɔ́ptətiv] であるが，文法用語以外の使い方は極めてまれである上に，文法に関わる者たちが，なぜか [ɔptéitiv] と発音するようになってきた。彼らを改めさせようとする価値もない」と言っている。後者の発音は，ある社会層特有の snobbery の表れとも取れよう。我が国の英和辞典では齋藤 (1936) と K 大にしか載っていない。Jones (1956) には使用頻度が低いことを示す [ ] の中に示されている。

　　　　（神さまの祝福がありますように）[May God bless you.]
  b. Success *attend* you!（ご成功を祈ります）/ Good luck *attend* them.（彼らに幸運あれ）
(2) a. Kinsman *be* hanged!　　　　　　　　（細江［宮内 (1955)］）
　　　（身内がきいてあきれるわ）［身内のよしみで親切な保護を要請した女に対する返事。呪われる対象が主語となり受動態で用いる］
  b. Lord *be* praised!
　　　（神が褒め称えられますように）［cf. hallelujah（ハレルヤ）< L < Gk < Heb = praise ye Yahweh（汝らヤハウェを褒め称えよ）]]
　　cf. (i) All of you *be* on the alert.　　　　(Joshua 8:4)
　　　　　（全員油断なく警戒せよ）［命令文］
　　　 (ii) Heaven *forbid* that there *should be* any racial prejudice among us.　　　　　　　　　(K)
　　　　　（われわれの間に人種的偏見など絶対にあってなるものか）

11.1.3. ③ 譲歩・目的などを表す副詞節の中で

　譲歩も目的も事実ではなく，命題の成立に関して中立の事柄を表す。本節の例文はほとんどが文語体である。

(1) a. *Whatever be* our fate, *let* us not add guilt to our misfortune.　　　　　　　　　　　　　　　　（福原 (1961)）
　　　（最終結末がどうであれ，われわれの不幸に罪悪感の上塗りまでさせないでくれ）［譲歩：古風］
  b. *Though* the number of the Israelites *be* like the sand by the sea, only the remnant *will* be saved.　　(Romans 9:27)
　　　（イスラエル国民の数が海辺の砂のようであっても，残りの者だけが救われるであろう）［be → is とした聖書もある］

c. They aren't the best sheets, but they *are* good enough for anybody to sleep in, *be* he who he may.

(G. Eliot [宮内 (1955)])

(極上のシーツではありませんが, 誰が寝ても十分です, どんな方だろうとね)

(2) a. Hardest of all *was* to keep the silence of the mountains *lest* he *startle* his game. (石橋 (1973))

(最も難しかったのは, 獲物を驚かせないよう山々の静寂を保つことだった) [lest = in order to prevent something from happening (OALD)]

　　b. He *gripped* his brother's arm *lest* he *be* trampled by the mob. (OALD)

(彼は群衆に踏みつぶされないように, 兄(弟)の腕をしっかり掴んだ) [he の指示は曖昧]

(3) We *had better* wait *till* the storm *be* [*should be*, *is*] over.

(齋藤 (1902: 416))

(われわれは, 嵐が終わるまで待ったほうがいい) [till 節の斜字体部は, 古い用法→新しい用法の順に並んでいる：齋藤は should を subjunctive future と呼んでいる]

11.1.4. ④ 条件を表す if 節で

　原形仮定法という名称が示すとおり, if 節内では動詞の原形が用いられる。叙述内容は現在または未来の事柄であり, それが実現するかどうかは不確実 (中立) である。AmE では, 原形仮定法が if 節に用いられることもあるが, BrE では, 今日では極めてフォーマルな言い方で, 擬古体と見なされる。古風な英語にはこのような条件節があったという理解にとどめておくだけでよい。ただし, 古い英語のままの形で引き継がれて残った (2a-c) のような慣用句も

ある。

(1) a. *If* the blind *lead* the blind, both *shall* fall into the ditch.

(Matthew 15:14, *KJV*)

(盲人もし盲人を手引せば，ふたりとも溝に落ちん) [古い英語なので見分けにくいが，lead は複数主語に呼応しているのではなく，動詞の原形（＝原形仮定法）なのである。ちなみにある現代英語訳（*NLT*）では，If one blind person *guides* another, they *will* both fall into a ditch. となっている]

b. *If* it *be* asked what the subjunctive in the above instances expresses, the answer *is* threefold.

(Zandvoort and van Ek (1975: §221))

(上に挙げた事例の仮定法は何を表しているかと問われるなら，三つの面があると答える) [仮定法を扱った章の地の文；著者は意識過剰になって is の代わりに be を用いたのだろうか？]

c. What *is* the use of living, *if* it *be* not to strive for noble causes and to make this muddled world a better place for those who will live in it after we are gone?

(Winston Churchill)

(生きることが，高貴な目的のために努力し（，また）我々が世を去ったあとに生きていく者たちのため，この混沌とした世界をよりよい場所にすることでないのなら，生きていることに何の意味があろうか？)

(2) a. I*'ll* be there to help *if need be*. (K)

(必要とあらば手助けしにそこへ参ります) [間接話法：I *said* that I*'d* be there to help *if need were*. (齋藤 (1902: 419))；左の書き換えが正用か，他の用例で検証の要あり (16.1(1b))]

b. *If God will* (it), we *will* succeed. (K)

(神の思し召しならばきっと成功する)［前の will は「望む」という意味の自動詞［(目的語の it を取るときは) 他動詞］の原形, 後の will は予測 (物事の当然の帰趨) を表す P 用法の法助動詞］[3]

c. He must travel first class, *if you please*, like his betters.

(R 大)

(あいつったら, あきれた話だが, 上司たちと同じように一等車に乗らないと気が済まないんだ)［驚き・憤慨などを表す間投句として「事もあろうに, どうでしょう」の意］

NB (2c) の斜字体部は, please の丁寧表現として, 'Pass me the salt, if you please.' という使い方もするが, 上例のようにやや皮肉めいたニュアンスで用いることがある。細江 (1926) によれば, if you please の古い言い方は, if (it) you please すなわち, if it please you (= if it be agreeable to you) である。言い表されない it が主語であり, you は与格 (dative case) であって, 「(それが) あなたに気に入るならば」の意味である。[4] この please (= be agreeable) は原形仮定法である。似た構造に, Me likes it. (= It is acceptable to me. (それは私の意にかなう) から I like it. (私はそれが好きだ) に変化した例がある。［フランス語の s'il vous plaît も同様の構文である］

11.1.5. ⑤ 慣用表現

(1) a. *Far be it from me to* spoil the fun.　　(Declerck (1991))

(私には楽しみを台無しにするつもりなど全くない)

b. *Suffice it to say* that we don't approve of the plan.

---

[3] 本例のような法助動詞の will が仮定法かどうかについては, 補遺 3 を参照。

[4] 与格動詞［= 授与動詞 (bring, give, pass, tell, etc.)］が用いられる第 4 文型の文において, 間接目的語に相当する(代)名詞が与格である。直接目的語に相当するものを対格 (accusative case) と呼ぶ。古い英語を歴史的に考察する際には二つの格の区別は便利であるが, 今日では両者の区別をつけることは語形の上では不可能である。

(Imai et al. (1995))

(その計画は認めないとだけ言っておこう［それ以上言う必要はない］)［間接命令 Let it *suffice* を仮定法で表したもの］

c. You say I have done wrong. *So be it*. (井上 (1967))
(君は私が罪を犯したという。それならそれでいい)［Be it so. ともいう：間接命令で表せる (= Let it be so.)］

(2) a. *Be it ever so humble* [Let it be ever so humble; However humble it may be], there is no place like home.
(どんなにみすぼらしくても我が家ほど良い所はない)［本節の例はすべて formulaic subjunctive（定式仮定法）と言われるものである (Declerck (1991: §3.60))］

b. *Come what will*, I am prepared for the worst. (井上)
(たとえ何事があろうとも、私は万一の覚悟をしている)［= Whatever may come, ...］

(2a) に見るとおり，3人称に対する間接命令の let を省略した言い方は，動詞を文頭に置いた原形仮定法で表すことができる。ともに譲歩を表すが，後者を命令法と解する人もいる。現在ではそのように理解しても不都合はないが，起源は原形仮定法である。②，⑤は optative subjunctive（願望仮定法）と呼ぶことがある。

11.2. 過去仮定法

if 節で用いられる過去仮定法は，後述するとおり，主として現在あるいは未来に関して用いられるが，過去の事柄にも言及できる。

11.2.1. 過去時を表す過去仮定法

(1) But *if* you *were* free *to-day*, *to-morrow*, *yesterday*, *can*

even I believe that you would choose a dowerless girl?

(Dickens [宮内 (1955)])

(でもあなたが, 今日といわず, 明日といわず, 昨日といわず, 誰でも選べるとしたら, 持参金なしの娘を選ぶだなんてこの私にだって信じられましょうか) [時を表す三つの副詞と共起しているので, 本例の過去仮定法は三つの時間領域を表すことができる]

(2) Lucy! *if* we *lived* in those days, I *should have been* a knight.

(ルーシー, もし私たちがあの時代に生きていたら, 私は騎士になっていたでしょう) [宮内が Meredith [細江 (1933)] から引用したもの: 主節・従節ともに過去に言及していることは明らかである。if 節は, 現在の反事実を表しているものではない。条件節が, 叙実法か仮定法かの区別をつけるためには, 条件節の時制および帰結節の叙法に加え, 文脈全体を考慮に入れなければならない]

(3) Why *should* you be glad to go back to her *if—if*—what you used to say to me *is* still true—I mean *if* it *were* true then!

(あなたが口癖のように言っていたことが今も本当なら, つまり, 当時本当でしたのなら, なぜ再び彼女のもとに喜んで帰るのでしょう?) [宮内が Hardy [細江 (1933)] から引用したもの; then があるので過去時を表す]

(3) は, 文法的には二つの点を教えてくれる。① if 節の is は叙実法現在, were は過去仮定法である。いずれの場合も should (響き・意外を表す) を用いた主節と有効に結びつく。② were を用いて言い直していることの中に, 仮定法の本質が読み取れる。つまり, 相手の言った事柄の真実性に対する話者の側の確信度が, 相当に低いということである。should は, 疑問詞と共起する 'emotional

should"（…なんて考えられない）であろう。

11.2.2. 現在の事実に反することの仮定

　動詞の過去形を用いた if 節は，通常，現在の事実ではない事柄を表す。ただし，本節 (3a, b) に挙げた例のように，非事実の読みを許す曖昧なものもある。be 動詞の場合は，人称・数にかかわらず，were を用いる (1・3人称単数では was も可)。帰結節は，条件節から導かれる帰結の内容を，過去形法助動詞（＋動詞の原形）を用いて表す。下の (1a) を例にとる。その第1文で，著者は，発話時において事実と思っていることを述べるときの叙法，すなわち叙実法 (sees) を用いている。第2文は，第1文で述べたこと（話者にとっての事実）と反対のことを仮定しているので過去仮定法 (did) を用いている。

(1) a. No great artist ever *sees* things as they really are. *If* he *did*, he *would* cease to be an artist.　　　　(Oscar Wilde)
  　（偉大な芸術家はだれも，物事をありのままに見ることは決してない。もしもそのように見るとすれば，芸術家ではなくなるであろう）

  b. Don't knock the weather; nine-tenths of the people *couldn't* start a conversation *if* it *didn't* change once in a while.　　　　(Kin Hubbard [azquotes.com])
  　（天候をけなしてはならない。ときどき天気が変わらなければ，9割の人間は会話を始めることができないだろう）

  c. "How much wood *would* a woodchuck chuck, *if* a woodchuck *could* chuck wood?"—"A woodchuck *would* chuck all the wood he *could* chuck, *if* a woodchuck *could* chuck wood.

(W＝ウッドチャック：「W はどれだけの木を投げようとするか, もし W が木を投げれるなら？」「W は投げれる限りの木を投げようとする, もし W が木を投げれるのなら」) [tongue twister である：woodchuck は, 北米に生息するマーモットの一種]

(2) a. *If* there *were* no schools to take the children away from home part of the time, the insane asylums *would* be filled with mothers.　　(Edgar W. Howe [azquotes.com])
(子供たちを家庭から暫くのあいだ引き離してくれる学校がなければ, 精神病院は母親たちで溢れかえることだろう)

b. What *would* you be doing now *if* you *were* living in Paris?　　(Matreyek (1983))
(君が今パリに住んでいるとしたら, どんな仕事をしていただろうか)

c. I'*d* sell your car *if* I *were* you.　　(Quirk et al. (1985))
(僕(が君)だったらその車を売るね) [間接発話行為：陳述によって忠告を表す。この表現に限り if I *was* you とはしない。if I were you と呼応する帰結節での助動詞は should が多い：e.g. *If* I *were* you, I *shouldn't* take that threat too seriously. (Declerck (1991)) (そんな脅しは, 僕だったらそれほどまともに受け取らないよ) (→ 14.4 NB)]

(3) a. *If* he *said* that, he *would* be wrong.
　　(Onions and Miller (1971: §89))
(i) 彼がそんなことを言っているとしたら間違っている。
[said＝were saying now：現在時：反事実]
(ii) 彼が仮にもそんなことを言うなら間違いだろう。
[said＝were to say in the future：未来時：非事実]

b. *If* he *left* his bicycle outside someone *would* steal it.
　　(Thomson and Martinet (1988))

(i) 彼がもし自転車を屋外に放置していたら，誰かが盗むだろう。[but he doesn't leave ... ; 現在の事実の反対]

(ii) 彼がもし自転車を屋外に放置するなら，誰かが盗むだろう。[but he doesn't intend to leave ... ; 未来に生じる可能性が低い非事実；原著者は left を were / was to leave とすれば曖昧さは避けられるという]

11.2.3. 現在または未来の実現度がかなり低い事柄の仮定

(1) a. I *should* be amazed *if* he *believed* that. (Declerck (1991))
(彼がもしそのことを信じているとしたら，驚きですね) [Declerck は若干の可能性 (weak potentiality) があるとコメントしているので，現在の非事実を表す]

b. *If* I *could* drop dead right now, I'*d* be the happiest man alive. (Samuel Goldwyn [brainyquote.com])
(今の今，パタッと死ぬことができたら，生きている者の中でもっとも幸せなのだが)

(2) a. *If* my doctor *told* me I had only six minutes to live, I *wouldn't* brood. I'*d* type a little faster. (Isaac Asimov)
(私が医者から，あなたの余命は6分です，と言われたら，くよくよ考えることはしない。キーボードのキーをもう少し速く打つだろう) [未来の事柄は不確実なので非事実]

b. *If* I *came* into a fortune, I *would* give up working.
(Declerck (1991))
(大金が転がり込んで来たら仕事を辞めるのだが) [原著者は例文の後ろに，'But I don't really expect to come into a fortune.' と補足説明をしている：cf. come into a fortune ((遺産相続などで)財産を得る)]

c. W: First of all, I want you to know that I believe Richard Kimble to be innocent.

P : *Would* he come to you for help?

W: *If* he *came* to me, I *would* help him. But he *wouldn't* come to me. That's not his style.　　(Fug.)

(「まず知っておいて欲しいのですが，私はリチャード・キンブルが無実であると信じています」「助けを求めてあなたの所に来ると思いますか？」「もし来るとしたら，私は手を差し伸べます。でも来ないでしょう。そういう人ではありませんから」) [came は were to come に近い。4行目の命題の実現度が低いことは，But 以下が示している]

(3) *If* anyone *came*, they*'d* say 'How are you?' (Sinclair (1990))

a. 誰かが来たら，彼らは「今日は」と言うだろう。[仮定法の読み；未来の仮定；非事実]

b. 誰かがやってくると，彼らは「今日は」と言うのだった。[叙実法の読み；would は過去の習慣；if 節は閉鎖条件]

(4) a. I give you my word that I *would have spoken* out *if* it *went* against him at the assizes.

(誓って言いますが，巡回裁判のとき事件が彼に不利になるようなことでしたら，私から白状して出るつもりでした) [(Doyle [宮内 (1955) が細江 (1933) から引用したもの]) ; 発話は巡回裁判が開かれる前の時点のものなので，that 以下の内容はその時点からみた未来領域に属する (→ 11.3.5)]

b. My aunt *would* be angry with me, *if* I *didn't* get home before nine.　　(Eliot [井上 (1967)])

(もし9時前に帰宅しなかったら，叔母は私を怒る [責める] だろう) [井上 (p. 1162) が，過去仮定法が「未来の事実に反する事柄」を表すことがあることの例として挙げた文であるが，未来

の事柄について事実／反事実を断定することはできない］

c. I *would* not be responsible for my actions *if* I *saw* him.
(NOAD)

(あいつを見かけたらオレは何をしでかすか分からないぞ［自分の行為に責任はもてない］)

11.2.4. If … should / If … were to

(1) a. How terrible it *would* be *if* a time *should* come when I could not love you. (Jespersen (1933a))
   (あなたを愛することができなくなる時が万一来るとしたら，何と恐ろしいことでしょう)［if … should の条件節においては主語の人称は問わない；この表現は 'unlikely to happen' を表す (Swan (1980: §307))］［本節の例文はすべて開放条件］

b. (i) *If* anything *should* happen, I *would* [*will*] return immediately. (Sinclair (1990))
   (もし何か事が起こればただちに戻ります)［帰結節については (2a) の注記参照］

   (ii) *If* anything *happens*, I *will* return immediately.
   (ibid.)
   (同上)［Sinclair (1990: §8.33) は (i) と (ii) は interchangeable であるが (i) のほうが改まった言い方であるとコメントしている］

c. *If* one *should* want to supply a 'suppressed condition' here, it *might* be '… if I were bold enough to ask you'.
(Leech (1971))
   (もし読者がこの文に「隠れ条件」を補いたいと思うなら，「厚かましくもお尋ねするなら」というものであろう)［Might I ask

you for your opinion? という文を説明した箇所で；'suppressed condition' = 本書では潜在条件のこと］

d. Please do not hesitate to ask *should* there be any other way in which we could be of assistance.

(Kurdyla (1986))

(ほかに私どもに何かお役に立つことがございましたら，遠慮なくお申し付け下さい)［倒置 = if there should be ...］

(2) a. What *would* your mother say *if* you *were to* get run over? (石橋 (1973))

(仮にも君が車に轢かれるようなことがあれば，お母さんは何とおっしゃるだろうか)［if ... were to の条件節においては主語の人称を問わない；if ... should の場合は帰結節には叙実法・仮定法のいずれを用いてもよいが，if ... were to の場合は，帰結節は仮定法で呼応する］

b. *If* I *were* [*was*] *to* say to you 'Barcelona', what *would* you think of? (Carter and McCarthy (2006))

(私が「バルセロナ」と言うとしたら，あなたは何を思い出し［連想し］ますか？)［was to のほうが less formal である］

c. It *would* be against both propriety and humanity *were* I *to* allow it. (福原 (1961))

(もし私がそれを許せば，礼儀を欠き人道にも背くことになるでしょう)

d. *If* I *were to* [*Were* I *to*, *Supposing* I *were* [*was*] *to*] go to bed ↗early, I should get up early ↘tomorrow.

(Palmer and Blandford (1969: §552))

(もし早く床に就くとしたら明日早く起きることになろう)［英語話者の中には was を習慣的に使っているが，多くの人は無教養の，あるいは標準以下の語法と見なす，と著者は注記している］

cf. *If* our shirt *knew* our secrecy, it *were to* be burnt.
（《諺》シャツがわれわれの秘密を知っているなら，それを焼くべきであろう）［秘密は誰にも知られないようにする必要があるの意。初出は 16 世紀後期。be to を疑似法助動詞と解し，その（当時確立されていない迂言仮定法に代わる）仮定法とみなす：cf. it should be burnt］

(2d) のコメントとは対照的に，Declerck (1991: §12.4.2B) は，were to は改まった書きことばで好まれるので，くだけた表現では was to が用いられると言う。Jespersen は，未来の不確実性を表す点で，条件節で用いる三つの形式（if he *called*, if he *should* call, if he *were to* call）は，ほとんど同義であると述べている（are nearly synonymous expressions of uncertainty with regard to the future (Jespersen (1933a: §26.6$_2$))。この見解を裏付ける例を挙げる：*If* we *missed* [*should miss, were to miss*] the train, we should have to wait an hour at the station. (Curme, *Syntax* [石橋 (1973)])（列車に乗り遅れるようなことがあれば，駅で 1 時間待たなければならないだろう）。使用頻度としては，BrE では if ... were to が，AmE では if ... should が多いようである。

NB 1. 齋藤 (1902: 425) は，Subjunctive Future には三つの形式があるとし，次のように説明する。（[ ] の中の英語は，条件節が持つ意味を齋藤が示したものであり，それに筆者のコメントを付す。）

(i) *If* he (shall) *die* tomorrow
（もし彼が明日死ぬなら）［uncertainty（不確かさ）：条件節の内容は真であるかもしれないし偽であるかもしれない。しかし，下記の二つの条件節よりは真である蓋然性が高い］

(ii) *If* he *should* die tomorrow
（もし万一彼が明日死ぬとしたら）［improbability（起こりそうもないこと）：齋藤が与えたこの語は，条件節の命題が実現

(iii) *If he were to* die tomorrow

（仮にも彼が明日死ぬとすれば）[supposition（仮定）；仮定の話であるから，命題の実現はゼロに近い，とみてよい]

齋藤は，通常の会話では3種の言い方にあまり違いはないと述べており，奇しくも上に引用した Jespersen (1933a) と同じ見解をもっていたことが分かる。[5] しかも，その Jespersen に先立つこと30年も前に，事の本質を見抜いていたことになる。なお，状態的意味を持つ動詞 (be, have, know, want, etc.) で純粋な仮定を表すには，過去仮定法を用いるのが普通であるが (If I were; if I had; if I knew; if I wanted, etc.)，未来の行為を含意する動作動詞 (ask, become, come, die, go, etc.) の場合は，were to を用いるべきである，と齋藤は注記している。ここでは，参考として，ふつうは状態動詞とされる have が動作動詞として用いられている例を紹介する：If you *had* your time over again *would* you do what you did? (Maugham [宮内 (1955)])（もしもう一度生を受けたら，君の過去をもう一度繰り返しますか？）[話者が relate しているのは明らかに未来の出来事：relate の語義（関連づける；述べる）は示唆に富んでいる]

2. 譲歩節は，未来時に言及する場合，あるいは可能性・見込みを表す場合も，叙実法と仮定法の両方を用いることがあり，両者に意味の差はほとんどない。今日は叙実法を用いるのが一般的である。

(i) *Even if* he *should* fail this time, he can try again.

(Onions and Miller (1971: §90))

（彼は今回，万一失敗するとしてもやり直すことができる）[原著者はこのような未来の意味を持つ should を仮定法相当語 (subjunctive equivalent) と見なしている]

(ii) *Though* everyone *deserts* [*should desert, desert*] you, I

---

[5] 齋藤がその例として挙げている例文は次の通り：I *would* help him if he *asked* [*should ask, were to* ask] me. (彼が頼むなら [万一頼むなら，仮に頼むとすれば] 手を貸してやるだろう)。

第 11 章　仮定法 3 種の用法詳説　　115

will not.　　　　　　　　　(Onions and Miller (1971: §93))
(たとえ皆がお前を見捨てても僕は見捨てない)([順に，叙実法，仮定法相当語，原形仮定法が用いられている]

11.2.5. 慣用句

(1) a. Civilization is, *as it were*, a plant of slow growth.　　(K)
(文明はいわば発育の遅い木だ)[一種の比喩表現である：as it were = so to speak (いわば), if one might so put (そう言ってよろしければ)。OED によれば元来は '*as if it were* so' から出た句だといわれる (井上 (1967))。古英語では，as = as if, as though である。as it were を文尾に置くことも可]

b. I'*d sooner* not speak about him, Dad.　(Maugham [伊藤])
(あの男のことはあまり話したくないんです，父さん)[斜字体部は *would* sooner/*had* sooner のいずれに解してもよい。Jespersen は 'printed '*d* may be taken for either auxiliary' (印刷された '*d* はどちらの助動詞にも解しうる) という (MEG IV: §19.9 (1))]

c. I *had rather* be a dog than the Prime Minister.
(Maugham [石橋 (1973)])
(首相になるくらいなら犬になるほうがましだ)
cf. I'd rather *him tell* her the news than me.
(Carter and McCarthy (2006))
(彼はその知らせを，僕よりも彼女に伝えてほしい)[I'*d rather* he *told* her ... のくだけた言い方 (原著者)]

d. You'*d better* move your car, Pete. (BrE) (車を移動したほうがいいよ，ピート)/*I guess we'd better* get back to work. (AmE) (仕事に戻ったほうがいいと思うよ) (Carter and Mc-

Carthy (2006))[had better の使用頻度は BrE のほうが AmE よりも約 6 倍多い。緩和表現である I guess の使用頻度は，BrE の I suppose よりも AmE のほうが圧倒的に多い（原著者）；had better の淵源は過去仮定法である］

11.3. 過去完了仮定法

標記は，通常は，過去の事実と反対のことを条件節の中で想定し，帰結節の中で過去の事実と異なることを述べる動詞句の形式をいう。左記の様相を表現するのが最も一般的な用法であるが，Declerck や Chalker はさらに，現在や未来の事柄についても過去完了仮定法が用いられている例を挙げている。それらを，主従二つの節が表す時間領域ごとに分け，[条件節の RT] + {帰結節の RT} の RT によって示す。[6]

11.3.1. [過去] + {過去}

(1) a. *If* God *had intended* us to drink beer, He *would have given* us stomachs.　　　　　(David Daye [well.com])
(もし人間がビールを飲むことを神が意図しておられたのなら，胃袋をいくつもお与えになったであろうに)

b. I *would not have known* what sin was *had it not been for* the law. For I *would not have known* what coveting really was *if* the law *had not said*, "You shall not covet."
(Romans 7:7)

---

[6] RT = reference time（指示時）の略号で，節の命題が実現すると話者[書き手]が思っている過去・現在・未来のいずれかの時間領域のことである。

第 11 章　仮定法 3 種の用法詳説　　117

(もし律法がなかったなら罪とは何かを知ることはなかっただろう。というのも，「汝貪るなかれ」と律法が命じていなかったら，貪欲とは実際どんなことかを知ることはなかったからである) [筆者のパウロは律法学者であり，律法の何たるかを知っていた (would not have known/had not said = ともに反事実)；律法とはモーセの律法といわれるもので旧約聖書に収められている]

 c. (i) You *might have met* him *if* you*'d been* there.

             (Leech (1971: §176))

   (君がその場にいたら彼に会えたかもしれないのに) [It is possible that you would have met him if you'd been there.；可能な事柄の非現実性 (ascibes unreality to that which is possible) (パラフレーズおよびコメントは原著者)]

  (ii) You *could have met* him if *you'd* been there.

   (同上) [Leech (1971: §170) は，(ci) との意味の若干の違いを示している (It would have been possible for you to meet him if you'd been there.)；可能性そのものの非現実性 (ascribes unreality to possibility itself)]

(2) a. I *would have been* able to type *if* I *had taken* lessons.

  (レッスンを受けていればキーボードを打てただろに) [過去の反事実；ある条件が整えば<u>能力</u>を発揮することが可能であったろうと仮想している]

 b. I *could have won* if I *had* not *had* a puncture.

  (パンクしなかったら勝てただろうに) [同上：主語の能力ではなく，出来事が成立した<u>可能性</u>を問題にしている P 用法]

            (以上，Declerck (1991))

(3) a. "Ah, that was a lovely dress," said Maureen, "and it *would have fitted* me *if* I *could have got* into it."

(あれはすばらしいドレスだったわ。あたしの体が入ったらピッタリだったでしょうに）[Irish bull である；if 節に法助動詞]

b. *If* I*'d have known* I*'d have told* you.　　　(Swan (1980))
(もし知っていたら，君に話しただろうよ)
[同著者は，if 節の斜字体の表現法は書き言葉では incorrect で通常用いられることはないが，話し言葉では普通に用いるとコメントしている。従節＝if I had known とパラフレーズしている]

(4) a. I would much rather have regrets about not doing what people said, than regretting not doing what my heart led me to and wondering what life *had been* like *if* I*'d* just *been* myself.　　　(Brittany Renée [thinkexist.com])
(あたしは，自分の心の声に従わなかったことを後悔しながら，あのとき自分の気持ちに正直にしていたら人生はどうなっていただろうと考えるよりは，人さまから言われたことをしなかったことを後悔するほうがいいわ) [若いバレリーナ（詩人でもある）の著者が，帰結節で古風な仮定法 (had been [＝would have been]) を用いているところが面白い。見掛け上は照応していないように見えるがきちんと照応している。ただし，現代英語における仮定法条件文の一般的な形式ではない]

b. Lord, *if* thou *hadst been* here, my brother *had not died*.
　　　(John 11:21, *KJV*)
(主よ，もしここに在（いま）ししならば，我が兄弟は死なざりしものを)
[再掲 (had not died＝would not have died)；hadst＝have の 2 人称単数過去形で thou が主語のときの形；訳文は文語体聖書より]

(5) a. *If* John *hadn't been* [*weren't, wasn't*] such a nice chap, he*'d never have helped* us.　　　(Declerck (1991))
(ジョンが親切なやつでなかったら，絶対俺たちを手伝ってはく

れなかったろう）[hadn't been, weren't, wasn't の使い分けは，叙実法に見られるような時間差（時間の前後）を表すのではなく，命題の事実性に対する話者の意識に程度の違いがあることを示すものと言えよう]

b. You *wouldn't have beaten* me at tennis just now *if* I *had been* [*were*, *was*] less tired. (ibid.)
(僕が疲れていなかったら，さっきのテニスで君に負けることはなかったろう）[just now には，① 過去の意味「少し前に，ついさっき，今し方」，② 現在の意味「ちょうど今」，③ 未来の意味「今からすぐに，やがて」がある]

11.3.2. ［過去］＋｛現在｝

(1) a. *If* you *had been* an engineer, you *would have known* what *is* wrong with this engine. (Declerck (1991))
(エンジニアをしていたのなら，このエンジンのどこが具合が悪いのか分かるだろうに）[過去完了は話者の意識の中では，実際には現在完了の意味であることは，is の使用によって分かる]

b. *If* I *had seen* the accident myself I *could have told* you now who *was* responsible. (ibid.)
(その事故を私自身が目撃していたら，誰に責任があったのかをいま言えただろうに）[now に注意：主節 = It would have been possible for me to tell you now ....]

cf. *If* you'*d had* proper lessons, you *could [*would be able to*, *would know how to*] speak English.
(Leech (1971: §170))
(正式の課程を受けていたら，君は英語をしゃべることができたのに）[条件節の本動詞が状態動詞であって，その結果

得た成果が永続的なものである場合，could を仮想的「能力」の意味で用いることはできない（原著者）〕

(2) a. This man *could have been* set free *if* he *had* not *appealed* to Caesar. (Acts 26:32)
(この男がカエサルに上訴していなければ，解放することもできたろうに）〔'この男'とされる人物が，「カエサルに上訴します」と言った直後の発話であるから，実質的に現在完了と同じ〕

   b. My brother *couldn't have come* today *even if* you *had asked* him. (Chalker (1984))
(君が頼んだとしても，兄は今日来られなかっただろう）〔today のどの時点での発話かが問題；「兄の来ること」が発話時点以前か以後かに関し曖昧であるが，本節では前者の解釈である（出来事が発話時点以後の解釈の 11.3.5 節と比較）〕

前節とは異なり，例文中の主節の RT が現在時であることは，その言語的文脈 (is, now, today, etc.) から推察できる。話者の意識の中では，実質的には現在完了の仮定法といえる。仮定法として，主節と従節との形式上の照応を図る必要から，たまたま過去完了仮定法の一般的表現形式と同じになったものであろう。

11.3.3. 〔過去〕+｛未来｝

(1) a. *If* I *had won* at the betting, I *would have gone* to America next month. (Declerck (1991))
(あのとき賭け事で勝っていたら，来月にはアメリカに行ってしまっていただろう）〔〔過去の反事実〕+｛未来の実現性ゼロ｝〕

   b. *If* I *had won* the lottery, I *could* [*would*, *might*] *have bought* a yacht next year. (Chalker (1984))
(あのとき宝くじに当たっていたら，来年ヨットを買えたのに

第 11 章　仮定法 3 種の用法詳説　　121

　　　　［買っただろう，買ったかもしれないのに］）
　c. *If* you *had not come* quickly to meet me, not one male belonging to Nabal *would have been* left alive by daybreak.　　　　　　　　　　　　　　　　(1 Samuel 25:34)
　　（もしあなたが急いで私に会いに来なかったならば，夜の明けるまでには，ナバルの家の男は一人として生き残ってはいなかっただろう）［富裕なナバルという男がダビデ (David) の恩に報いようとせず，その使者を侮辱して送り返した。そのことを知ってダビデに取り成しをしようと出かけた妻のアビガイル (Abigail) に，報復に赴く途中のダビデが出遇って語った言葉；by = not later than the time mentioned; before (OALD)；同様の用法は 2 Samuel 2:27, 2Kings 13:19 にも見える；未来完了仮定法と名づけてもよいような用法である］

これらのケースは，過去時における反事実の出来事を条件とし，仮にその条件が満たされた場合の結果が，話者の立ち位置から見て未来の領域に属することを表している。この読みは，文脈から得られる情報に基づいて得られる。

(2) a. *I wish* I *could have seen* the ballet. I'm sure it *would have been* a pleasant memory in the trenches.
　　　　　　　　　　　（映画 *Waterloo Bridge*［宮内 (1955)］）
　　（あなたのバレーが見られたらよかったんですが。塹壕の中できっと楽しい思い出になるんだったでしょうに）［防空壕に避難したバレリーナと隣り合わせになった陸軍将校が戦場に赴く前日の台詞なので，第 2 文は（塹壕という語から察せられるように，後日戦線に出た後の）未来時を表す。過去完了形になっているのは，バレーを見損なった今日，それを見る可能性がゼロになったため，と宮内は言う。宮内の訳文の下線部は，RT が未来時であ

ることを無理に示そうとしたために，不自然なものになったものと思われる。「思い出になったでしょうに」としても，未来における仮想の事柄に言及していることは，文脈から読み取れる]

b. He didn't see me—thank heaven! Paul ... he *would* never *have forgotten*. (映画 *Terminal Station* [宮内 (1955)])（見つからなくてよかった。ポールに … 一生覚えられているところだったわ）[身を隠した場所の近くを，たまたま通り過ぎた Paul に気づかれなかった女の台詞であるが，ポールがこの先一生覚えている可能性がゼロであることを，女は示したもの。過去の反事実を表す 'He *would* never *have forgotten* if he *had seen* me.' とは異質のものである。このような未来に関して過去完了仮定法を使う用法は日常会話では珍しくないようで，特に帰結節に多いと言われる (宮内 (1955: 60fn.))]

過去にすでに生じた（あるいは，生じなかった）出来事を，現在あるいは未来に再現することは，物理的時間にあっては不可能である。しかし，想像の世界ではそのことが可能である。確立している過去の事実（(2a, b) ではそれぞれの話者の経験）を逆にして（肯定は否定に，否定は肯定にして），それを条件とし，その仮定（前提）で物事が進行したとした場合の未来の帰結を表現したいと思う場合，話者はどんな表現形式をとろうとするだろうか。想像の世界の可能性は無限であるからといって，異なった状況の一つ一つに，それぞれ異なった固有の表現形式を充てるわけにはいかない。日常の一般的な言語形式に従うのでなければ，コミュニケーションは成り立たない。既存の表現形式を一時的に借りるほかないのである。こうして〈would have ~en〉の（過去・現在・未来のいずれを表すのかという）意味解釈は，文脈が決めることになる。

11.3.4. ［現在］＋{未来}

(1) My brother *couldn't have come* tomorrow / today / yesterday (*even if* you *had asked* him). (Chalker (1984: §6.24))
((君が頼んだとしても) 兄は明日／今日来ることはできないだろう [昨日来ることはできなかっただろう])［yesterday の場合は主節・従節とも過去時を表す］

(2) *If* my father *were* alive, he *would have been* 90 next year. (ibid.)
(父がいま生きていたら，来年は90歳だったろうに)［improbable future を表す (原著者)］

11.3.5. ［未来］＋{未来}

(1) *If* you *had come* tomorrow instead of today, you *wouldn't have found* me at home. (Declerck (1991))
(君が今日ではなく明日来たとしたら，私は家にいなかっただろう)［再掲 (→ 4.2.3)；注記を参照］

(2) *If* you *had been coming* tomorrow, you *could have given* Marian a lift. (Chalker (1984: §6.24))
(君が明日来ることになっていたのなら，マリアンを同乗させることもできたろうに)［過去完了進行形が条件節に用いられると，未来の非実現の意味になる (原著者)；進行アスペクト (特に，往来発着の動詞の場合) は未来を表す：11.2.3 節 (4a) も参照］

これまで (11.3 節で)，過去完了仮定法が過去・現在・未来の出来事を表し得ることを，例文によって確かめてきた。Declerck は，"Both clauses invariably express unreality. Both clauses can refer to present, past or future time." (p. 431) (主節・従節がともに表すの

は，例外なく非現実（作り事，仮想の事）である。両方の節はともに現在時，過去時，未来時に言及することができる）と，明確に述べている。

　以上，過去仮定法は現在時のことについて，過去完了仮定法は過去時のことについて述べるのが原則であるが，想像の世界では，話者の意識は一瞬にして過去にも未来にも移動できるので，時制という形式を借りた仮定法は，その時制の枠を飛び越えて，話者の自由な立ち位置で思いを表明できることを見た。すなわち，従節において条件が過去時のこととして提示された場合，それによって生じる事柄（主節で表される帰結［結果］）は，論理的に言って，①過去にも，②現在にも，③未来にも，生じ得るということである。また仮定法は，命題の事実性や命題成立の可能性の大小についての話者の判断［査定］を表すことに加え，話者が想像の世界のどの位置に自分を置いて発言しているか，発言する際の発話者の立ち位置ないしは視座 (a point of view) を示す表現法であることも見た。

NB　日本語でも，過去表現が現在・未来を表すことは珍しくない。本来は過去の助動詞「た」の仮定形である「たら」が，現在または未来の事柄を表す例を挙げる。
　(i)　あのとき電車が急停止したら，大惨事になるところだった。［RT＝過去］
　(ii)　この電車に乗ったら，乗り換えをしないでもそこへ行けます。［RT＝現在］
　(iii)　電車が不通になったら，明日の催し物は中止になるだろう。［RT＝未来・現在の両方の読みが可能］
　(vi)　たき火をしたら，火事になった［なる，なるだろう］。［下線部は過去形であるが実際には neutral tense［中立時制：時の区分を超えてあらゆる時を包括的に示す時制］であって，過去・現在・未来のいずれを指すかは，帰結節の指示時によって定まる］

第 12 章

照応のずれ

　仮定法を用いた条件文においては，条件節の動詞句が過去(完了)なら，帰結節の動詞句も過去(完了)であり，両者は一致するのが原則である (p. 135, 表 2 参照)。ところが，そうした照応の原則が，十分の理由をもって破られるケースがある。以下では，プラス記号の左側を条件節 (IF で表示)，右側を帰結節として示す。①の形式による照応のずれは珍しくない。

12.1.　① [IF 過去完了仮定法] + {過去仮定法}

(1)　S：Do you want to exchange it for another or return it for a refund?

　　　C：I want to return it for a refund.

　　　S：O.K. *If* you *had wanted* to exchange it, I *could* take care of it here. In order to return it, you have to take it to the courtesy desk over there by the main entrance.

(Matreyek (1983))

(「ほかの商品と交換しますか，それとも返金をお望みですか」「品

物を返しますから返金してください」「承知しました。商品の交換を望んでいらしたのならここで対応できるのですが。返品するのでしたら,商品はあちらの正面入口わきのサービス受付係までお持ちください」)

上のやり取りで客が交換を望んでいないという事実はその言葉から明らかなので,if 節には事実の反対を明確に示す過去完了仮定法が用いられている。仮に,if you wanted と過去仮定法にしたとしても,want は状態動詞なので反事実であることを伝えることはできる。が,客を安心させるためには,誤解の余地のない過去完了仮定法を用いるのが望ましいだろう。帰結節は現在のことを述べているので過去仮定法である。ついでに言えば,上の日本語訳は時制を意識したゆえの訳であり,普通の日本語であれば,「ここで対応できたのですが」と過去形(英語の婉曲時制=丁寧)で言うはずである。

(2) But woe to that man who betrays the Son of Man! It *would* be better for him *if* he *had not been* born."

(Matthew 26:24)

(人の子を裏切る者は災いである。その者は生まれなかったほうがよかったであろう)[イエスの言葉:後刻イエスを裏切ることになるユダ (Judas Iscariot) は,生まれていた (=事実)。帰結節は,過去の反実仮定から引き出される現在の状況について述べるものであるから,過去仮定法 (*would* be) が用いられている。帰結節を,It *would have been* better for that man としてあるものも多く,古い訳の中には it *were* good for that man / it *had been* good for that man などとしたものもある。これらは,いずれも古い仮定法である。Woe (be) to …! 《古風》…に災いあれ;…は災いなるかな)]

(3) a. The engine *wouldn't be* so noisy *if* it *had been* properly serviced.

(Allsop (1983))

(ちゃんとエンジンの点検を受けていたら，（現在）これほど大きな音を立てなかったのに）

b. *If* I *had started* using some of these products early enough, I *wouldn't be* bald today. （伊藤（1968））
(もしこの製品のいくつかをもっと早くから使い始めていたら，今は禿になっていなかったのだが）

c. *If* her chair *had had* arms she *might* not be so ready to leave it. (Maugham［宮内（1955）］)
(もし彼女の椅子に肘掛けがついていたら，それほどすぐにその椅子を離れる覚悟はできていなかっただろう）［帰結節の過去仮定法の RT は現在］

d. (i) He *wouldn't* be rich *if* he *had not worked* hard.
(彼は（昔）一生懸命に働かなかったとしたら，（今のように）金持ちではなかっただろう）

   (ii) *If* he *had not worked* hard, he *wouldn't* be rich.
(同上) （以上，Allsop（1987））
［話し手に関心のある情報が最初に来るので，「彼」について話者の心にまず思い浮かんだことは，(di) の場合は「彼が裕福であること」を，(dii) の場合は「彼が一生懸命働いたこと」を暗示する，と同著者はいう。また，条件節が後置されるときには，コンマ (,) が省略されるとも］

(4) a. *If* he *had* not *been* born, *I'd have* probably *gone* on to have another baby, we *would have had* a normal family life and Andrew *would* have the comfort, rather than the responsibility, of a sibling, after we're gone.

(dailymail.co.uk)

(二男が生まれていなかったら，たぶん続けてまた子供を産んで，私どもは普通の家族生活を営んだことでしょう。アンドルーは私

たち夫婦が死んだあと，(二男の) 兄弟であることの責任ではなく，楽しみを持てたことでしょう）[47 年近く世話してきた重度ダウン症の二男の行く末を心配する 69 歳の母親の感想で，Andrew は長男。帰結節に 2 種類の仮定法が用いられている]

b. So so glad I never had those tests cause I *would of aborted* in a heartbeat, then I *would never of* known the perfect love of this special young man I call my son.
（((出生前）検査を受けなくて本当によかったです。なぜなら（もし受けていたら）すぐに堕ろしていたでしょうから。そうすると息子と呼んでいるこの特別の若者への純粋な愛を知らずにいたことでしょう）[上の記事に対する，23 歳のダウン症の息子をもつ母親からの投稿。文頭に I'm が省略されている。cause = because; in a heartbeat = very quickly, without thinking about it (OALD); have の弱い発音は [əv] なので同音の of を have の代わりに用いている：〈過去形法助動詞 + of + ~en〉の形式で用いる]

12.2. ② [IF 過去仮定法] + {過去完了仮定法}

12.2.1. 条件節の過去仮定法が過去完了仮定法の代替表現と思われる例

帰結節の過去完了仮定法は，一般に，過去時を示す。ところが，条件節の過去仮定法の指示時が，特に状態を表す場合に，現在ではなく過去時を表すために，両者が主節・従節として結びつくことがある。

(1) a. *If* I *had* brains I *would have splashed* water on the bow all day and drying, it *would have made* salt, he thought.

(Hemingway [宮内 (1955: 61fn.)]）

（もし頭がよかったら，触先に海水を一日中はねかけたことだろう。それが乾くと塩ができただろうに，と僕は思った）[宮内によれば，客観的（社会的）時間の（現在にではなく）過去に対応する用法が，実は過去仮定法の古い用法だった，という]

b. *If* I *knew* the answer to that question, I *would have told* you a long time ago. (Declerck (1991))
（その質問の答えを知っていたら，とっくの昔に君に話していただろう）

c. *If* I *had* no sense of humor, I *would* long ago *have committed* suicide. (Gandhi [goodreads.com])
（私にユーモアのセンスがなかったなら，とっくの昔に自殺していただろう）

(2) a. *If* you *were* a firefighter, what *would* you *have done*?
（あなたが消防士だったとしたら，その時どうしたと思いますか）

b. *If* wishes *were* true, cobblers *had been* king.
（《諺》願望が事実になるのなら靴職人も王様になれるだろう）
[(= would have been king) 思うこと叶えば禿に毛が生える；17世紀前期。諺は語義ばかりではなく，文法形式も古い名残を留めている]

c. *Would* you *have begun* talking with me *even if* I *was* ugly? (Matreyek (1983))
（あたしが不器量だったとしても口説き落とそうとしました？）
[was = were の口語用法；以上の例から，12.2 ②のような照応をするのは条件節が状態を表すものに限られるようである]

d. I was put through to him by his secretary. *If* I *were writing* a detective story I *should* immediately *have suspected* that my call was waited. (大江 (1983))

(彼の秘書が私を彼の所に案内した。私がもし探偵小説家だったら，彼がこちらの訪問を待ち受けていたのだとすぐに感づいたであろうに）[if 節の中では叙実法の was が容易に生じるので「事実に反する事柄」や「強い不確実性」を伝えるための手段としてwere は特別の役割を充てられている：進行形（→ 5.1(1)）]

12.2.2. 帰結節の過去完了仮定法が文脈に応じて現在時を表す例

(1) a. *If* you *knew* who I was, you *might have heard* of me, and *would* not give me a true answer. （井上 (1967)）
（私が誰かということを申し上げると，私の噂をすでに聞き及んでいるかもしれません。そうなると本当の気持ちはおっしゃって下さらないでしょうね）[〈might have ~en〉は現在完了［経験］についての推量：帰結節に2種類の迂言仮定法]

b. "*If* he *were* not a criminal," they replied, "we *would not have handed* him over to you." (John 18:30)
（もし彼に罪がなければ，私どもは彼をあなたに引き渡しはしなかったでしょう）[ユダヤ人たちが，裏切り者のユダの手引きで捕えたイエスを総督ピラトの前に拘引してきた時の言葉]

(2) a. *If* she *had* not *been* so hardworking, she *might* not *have been* manager today. (Allsop (1987))
（彼女がそれほど働き者でなかったなら，今日部長にはなっていなかったかもしれない）[主節（結果）・従節（継続）ともに現在完了を仮定法で表現したものと考えられる]

b. *If* my life *would have ended, would* this *have been* all there was to life?
（もし自分の命が終わってしまうとすれば，これが人生のすべてだったのだろうか）[主節・従節ともに仮定法の底流には現在完

了（完了，確認の意味）がある］

c. *If* I *revenged* all wrong I *had* not *worn* my skirts so long.
（《諺》不正行為を受ける毎に復讐したなら，スカートをこんなに長く履いていることはできなかったろう）［＝今のような生活をしているわけにはいかなかったであろう。帰結節の斜字体部＝would not have worn …; wrong—long は脚韻を踏んでいる；初出 16 世紀後期］

12.3. 想像の過去完了（pluperfect of imagination）

仮定法の形式とそれが表す「時」のずれに，Jespersen (MEG IV, 9.7(9); 1933a: §24.4) が標記のように呼んでいる現象がある。出来事が<u>現在</u>生じる可能性・蓋然性がゼロであることを強調しようとして，過去完了形を用いるのである。(3) はその延長線上にあるものと言えよう。

(1) *I wish* I *had been* rich enough to give you the money (but I am not).　　　　　　　　　　　　　　　(Jespersen (1933a))
（そのお金を君にあげられるほど金持ちであればよいのですが）
［( ) 内の注記は Jespersen：am（現在）に注意］

(2) *If* I *had had* the money (at the present moment) I *should have paid* you.　　　　　　　　　　　　　　(ibid.)
（今そのお金が手元にあれば，お支払いしますのに）

(3) a. They appraised her coldly *as if* she *had been* a statue.　　　　　　　　　　　　　　　　　　　　　　(K)
（彼らは彼女を彫像であるかのように，冷ややかに品定めした）
［as if 節の時制は軸時制と同じ過去を表しているので were とす

るのが原則（→ 13.2.1）であるが, 過去における反事実を強調する気持ちが強くて, were の代わりに過去完了を用いたもの]

b. The house was *as* hushed *as though* it *had been* a church.　　　　　　　　　　　　　　　　　　　（大江 (1983)）
(家はまるで教会でもあるかのように静まりかえっていた)

12.4. 仮定法と叙実法の混在

法の奇妙な取り合わせがある。以下の例では, ［条件節］に仮定法［叙実法］, ｛帰結節｝に叙実法［仮定法］が用いられている。

(1) a. *If* the husband *be* not at home there *is* nobody.
(《諺》夫が在宅でないなら（家には）誰もいない（も同然））[わらで束ねても男は男；17世紀中期初出。［原形仮定法］+｛叙実法現在｝]

b. *If* the truth *be* told, he *was* becoming a little tired of the adventurous life.　　　　　　　　　　（Crispin［石橋 (1973)］）
(実のところ, 彼は危険の多い生活に少し飽きてきていた) [［原形仮定法］+｛叙実法過去｝]

c. *If* she *does* not wish to shield him she *would* give his name.　　　　　　　　　　　　　　　　　（Doyle［石橋 (1973)］）
(彼を庇_{かば}いたくないのであれば, 彼女は彼の名前を言うだろう)
［［叙実法現在］+｛過去仮定法｝]

(2) a. *If* the young man *knew* and the old man *could* there *is* nothing but would be done.
(《諺》若者に知識があり老人に実現力があるなら, なされない物事はないであろう) [but は関係代名詞；初出は16世紀後期；［過去仮定法］+｛叙実法現在｝]

b. The noble Brutus Hath told you Caesar was ambitious: *If* it *were* so, it *was* a grievous fault, And grievously hath Caesar answer'd it.

(Shakespeare, *Julius Caesar* 3.2.83-86)

(高潔なブルータス殿は，シーザーが野望を抱いていたと申された。そうであったなら，それは甚だ痛ましい過失であって，シーザーは甚だ痛ましい応報を蒙ったのであります［逍遥の訳を参考］）［Antoniusの追悼演説で用いられたこの仮定法は過去完了仮定法の代替表現である (If it had been so) (→ 12.2.1)。帰結節の叙実法はパンチの効果絶大；［過去仮定法］+｛叙実法過去｝］

c. He *did* not want to shout for help *unless* it *were* absolutely necessary.　　　　　　　　(P. Branach［石橋 (1973)］)

(彼は大声で助けを求めたくはなかった，絶対に必要であれば別だが)［｛叙実法過去｝+［過去仮定法］(→ 4.1.4)］

(3) a. She *had* no spirit to dance again for a long time, *though* she *might have had* plenty of partners.　　(福原 (1961))

(彼女は踊りの相手に事欠かなかっただろうが，長いあいだ二度と踊る気にはなれなかった)［譲歩；｛叙実法過去｝+［過去完了仮定法］］

b. I'*d have married* him *if* he *didn't* have a cent.

(Maugham［石橋 (1973)］)

(あの人が一文無しでも，あたいはあの人と結婚しただろうね)［同上；無教養な人物の言；｛過去完了仮定法｝+［叙実法過去］］

c. *If* you *knew* she was short of money you *should have lent* her some.　　　　　　(Thomson and Martinet (1988))

(彼女が金欠だということを知っていたのなら，いくらか貸してあげるべきだったのに)［［叙実法過去］+｛過去完了仮定法｝; if ≒ since, as；「はしがき」で問題にした文 (閉鎖条件)］

12.5. 同一の形式をとる主節の VP に照応する条件節／従節の諸種の動詞形

ここまで検討してきた［if 節—帰結節］内の VP 同士の例外的な照応は，いわば有標の仮定法といえよう。翻って，条件節を伴う仮定法文の大部分は，次頁表 2 で示したような規則的な照応をする。本節は，一定の動詞形式をとる主節に対応する条件節あるいは I wish の従節に，さまざまな動詞形が使われている仮定法文を扱う。

(1) a. *If* the train *is* [*should be*, *were to be*] late again, I *might* have time to buy some sandwiches.
   （電車がまた遅れるなら，サンドウィッチを買える時間があるかもしれない）［電車が遅延する可能性についての話者の査定は，順に小さくなる］

   b. He *might* accept the proposal *if* you *talked* [*were to talk*, *would talk*] to him.
   （彼は申し出を受け入れるかもしれないよ，もし彼に話したら［仮に話すとしたら，話すつもりがあるなら］）［すべて仮定法である；should は，仮定法相当語と呼ばれていて，強い仮定を表す文では用いられないようである］

   c. Tell him he *will* ruin his kidneys *if* he *gets* [*should get*, *WILL get*] through ten aspirins a day.
   （彼がアスピリンを 1 日に 10 錠摂ったら［万一摂るなら，摂ると言ってきかないなら］，腎臓はだめになると言ってやりなさい）［WILL には強勢を置く］

(2) *I wish* the inspector *may go* [*would go*, *went*, *had gone*] to the heart of the problem at once.
   （調査官には，直ちに問題の核心に触れてもらいたい［触れてほしい

第 12 章　照応のずれ　　135

のに，触れればいいのに，(あのとき) 触れればよかったのに])
[would go の場合はイライラ感を表すことがある (→ 13.1.2 ②)]

(以上，Declerck (1994))

　叙実法とともに条件文の一翼を担う仮定法をひとわたり見てきたので，3 種の仮定法について条件文を構成する従節仮定法および主節仮定法の動詞形式や，関連する事項を表にしてまとめてみる。

〈表2〉　仮定法を用いた条件文の従節仮定法・主節仮定法およびその指示時等の一般的照応関係

	従節仮定法	主　節　仮　定　法	指示する時間領域	主節命題の成立の可能性
(A) 原形仮定法	動詞の原形	(will/shall/may/can/must; 叙実法現在)	現　在 未　来	不確実
(B) 過　去仮定法	動詞の過去形	would could　＋ 動詞の原形 should might	現　在 未　来	ゼロに近い
	were		過　去 現　在	ゼロ (に近い)
	were to		未　来	ゼロに近い
(C) 過去完了仮定法	had ~en	would could　＋ have ~en should might	過　去 現　在 未　来	ゼロ

1. 動詞の原形を用いた従節仮定法と照応する帰結節は，表中の現在形法助動詞または本動詞の叙実法を用いるので (つまり仮定法ではないので)，括弧の中に入れた。
2. 従節仮定法と主節仮定法との動詞形式の照応は，あくまで一般的なもので

あることを承知願いたい。
3. (B), (C) の場合，従節・主節の照応は左右ばかりでなく，X 文字のように斜めに照応する例もある (→ 12.1-2)。
4. 仮定法の使用の点で揺れが多く見られる英語聖書の例を補遺4で示した。

上の表で示した標準的・一般的な事柄に対し，仮定法の表す非／反事実性や指示時に関し，従来はあまり扱われてこなかった例外的といえる用法があることも見てきた。それも表にして示し，読者の検索の便に供したい。

〈表3〉 例外的な指示時を示す仮定法の参考例

仮定法の種類	指　示　時		
	過　去	現　在	未　来
過去仮定法 (if 節)	11.2.1 (非・反事実)	11.2.2-3 (非・反事実)	11.2.3-4 (非事実)
過去完了仮定法*	(一般的用法) 例多数	11.3.2, 12.2.2, 12.3	4.2.3, 11.3.3-5

注：数字は章節番号を示す。*印は特に主節仮定法（迂言形）の場合である。

ある出来事が未来時に生起するかどうかは不明である。すなわち，命題の成立については非事実を表すと言える。そのことは，原形仮定法・過去仮定法について当てはまる。ところが，発話者が未来時を RT として過去完了仮定法を用いる場合，未来の事柄とはいえ，命題の成立する可能性をわずかながらでも暗示するような非事実 (nonfactual) を表すのではない。話者は，その出来事［命題］が絶対に実現［成立］しない，ということを前提に語っているのである (→表2 (C))。

第 13 章

仮定法を誘起する I wish / as if / It's time

　「…であればいいのに」,「まるで…のように」の「…」の部分は,想像の世界である。標記の英語表現は,大部分のコミュニケーションを日常的な叙実法で済ませている聞き手を,いわば有標（仮想）の世界へいざなうための switch（転轍機）の役割,あるいは仮定法を導入する（ないしは誘起する）signal の役割を果たすと言えよう。ただし,叙実法が後続することもあり,両者の間には微妙な意味の違いがある。

13.1. I wish と共起する仮定法

　I wish / wished [He wishes / wished, etc.] の表現自体は叙実法である。これらの補文に仮定法が用いられる理由は,wish という語に内在する「実現不可能なあるいは可能性の少ない困難なことを望む」という基本的な意味にある（G 大）。(同辞典は似たような意味の hope について,「可能と信じて望む」の意で叙実法をとる,としている。)

　① 　補文の動詞形が過去形*であれば,主節の時制と同じ時間

領域で「実現しない／事実でない」事柄を表す。(*be 動詞の場合はすべての人称で were を用い，その他の動詞では過去仮定法（こんにち叙実法過去形との区別がない）を用いる)。[1]

② 補文の動詞形が過去完了形であれば，主節が表す時間領域よりも前の，「実現しなかった／事実でなかった」事柄として位置づけられる。過去に実現しなかったことへの後悔・失望・未練などを表す場合も，過去完了仮定法を用いる。3人称主語で過去時制（wished）の場合，いわゆる描出話法であるケースがある（→ 16.2）。

13.1.1. S_1 wish(ed) [S_2＋仮定法] において $S_1=S_2$ の場合

(1) a. *I wish* I *were* [*was*] young again. (GL)
   (もう1度若くなれたらどんなにいいだろう) [was は口語]

   b. When I went to bed, *I used to wish* I *was* sleeping in the grave with my papa and mamma.

   (Lamb [宮内 (1955)])

   (床に就くと，お父さんやお母さんと一緒にお墓で寝ているのだったらなあ，とよく願ったものです)

(2) a. *I wish* I *would* learn to keep my big mouth shut.
   (僕が大口を封印できるようになればいいのだが) [映画 *Blondie* から拾った例で would を用いるのは AmE (宮内 (1955))]

   b. *I wish* I *could* say that I've never been afraid.

   (MEG IV, 11.4(3); Maugham [伊藤 (1968)])

---

[1] Jespersen (1933a: 24.2₂) によると，仮定法の were ではなく，叙実法を用いた言い方 (I wish he *was* …, if he *was* …, as if he *was* …) が，早くも17世紀以降勢いを増したが，were が正しいと教える文法学者によってその傾向は妨げられたという。近代の保守的な例については補遺5を参照されたい。

第 13 章 仮定法を誘起する I wish / as if / It's time　　139

(恐ろしいと思ったことは一度もないと言ってみたいものだ)

　　c. *Wish* I *could* have you live for a day.

　　　　　　　　　　　　　　　　　　　　(Hilton [宮内 (1955)])

　　(もう 1 日命を延ばしてあげたいものだが)[古い文語調：I の省略については下記の NB を参照；以上，法助動詞との共起]

　　　cf. I'll bid you good day, and *wish* I *may* bring you better news another time.

　　　　(それではお別れいたします。この次にはもっと良いことをお知らせしたいものです)[Eliot (宮内 (1955: 70fn.))]

(3) He gave me an opportunity to attend; *I wish* I *had accepted* it.　　　　　　　　　　　　　　　　　　　　　(K)

(私に出席する機会を与えてくれたが，それを受け入れればよかった)[補文に過去完了仮定法]

(4) a. *I wish* I *had been* there (but I wasn't).

　　(その場にいたかったなあ)

　b. *I wish* I *could have been* there.

　　(その場にいることができたらよかったのだが)[= I wish it had been possible for me to be there (but it wasn't possible). 本例は事前に何かの催し物のことを知っていたのに行かなかったことを暗示しているようである。ゆえに残念な気持ちが (4a) よりも心持ち強い]

(5) a. *I* heartily *wished* I *might* end my days there in peace.

　　　　　　　　　　　　　　　　　　　　　　　　　　(CR)

　　(そこで穏やかに一生を終えられるようにと，私は心から願った)[wish の過去形]

　b. I shook hands with him rather coldly. *I wished* I *had not come.*　　　　　　　　　　　　　　　　　(大江 (1983))

　　(私はいく分冷やかに彼と握手した。来なければよかった，と私

は思った）[(= I did come.)；以上の用法では that を用いない]

(6) a. Boys and girls *wish* that they *might* have a dozen birthdays in one year. (宮内 (1955))
(男の子も女の子も, 1 年に誕生日が 12 回あればよいのにと願う)

b. She *wished* that she *knew* whether he would come or not. (K)
(彼が来るかどうかが分かっていればよいのにと彼女は思った) [(= She didn't know.)；that を用いると反事実的な事柄に対する主語の願望を客観的に示す；以上, 3 人称主語]

cf. (i) I may see him tonight. *I hope* I *will*.
(今夜彼に会えるかもしれません。そうなるとよいのですが)

(ii) *I may see him tonight. *I wish* I *would*.
[would を単なる未来を表す標識として用いることはできない] (以上, Declerck (1991: §12.4.3))
[Swan (1980: §632) も同様の見解であり, 次のような例を挙げている：*I hope* there will [*I wish there *would*] be a strike tomorrow.]

(iii) *If only* he *had told* me the whole story! (R 大)
(一部始終を話してくれていたらなあ) [本来条件節であるが, 帰結節を用いずに強い願望を表す]

(iv) I *could have wished* for no better. (K)
(本当にこれ以上願ってもないことです)

NB (2c) は主語の I を省略した言い方で, 次のように遡る。(2c) ← *Would* that I had some quiet retreat. (Irving) (ああ, どこか静かな隠れ家があったらなあ) [would は元来は will の仮定法的用法] ← *Would* to God that I had done it. (Thackeray) (ああすればよかったのになあ) ← *Would* God that I did lie! (Kingsley) (私の言ったこ

とが嘘であったらなあ）[主語は元来 God であったが，この言い方が古い時代に '(I) wish to God …' の構文と混同されて上記の言い方が生じた（宮内 (1955)）]

13.1.2. S_1 wish(ed) [S_2＋仮定法] において $S_1 \neq S_2$ の場合

① 未来への願望を表す（補文に [would＋原形] を用いる）。

(1) a. *I wish* this clock *would* work.
   （時計が動いてくれればよいが）[未来に対する願望]
   b. *I wish* this clock *worked*.
   （時計が動いていればなあ）[現在に対する願望]

(以上，Leech (1971))

(2) a. *I wish* someone *would buy* me that book.
   （誰かがあの本を僕に買ってくれるといいのだが）[動作動詞]
   b. *I wish that book *would belong* to me.
   [状態動詞を未来のことについて用いるのは不可]

(以上，Leech (1971: §166))

   c. *I wish you *would* live for a very long time.
   [would は主張・習慣・意欲などを表す用法では使えるが，単に未来を表す時には wish と共には用いられない；cf. *I hope* you *will* live for a very long time.（長生きされますように）]

(以上，Swan (1980: §632))

   d. *I wish* the weather *would be* better this afternoon.

(Declerck (1991: 439))

   （午後には天気がよくなればよいのだが）[状態動詞を用いた未来の意味であるが適格としている。(2b) と異なり，be better が動態 (be＝become) を表すからであろう]

(3) She *wished* he *would* get the hell out so she could take a

bath.

(彼女はひと風呂浴びたかったので，すぐにも彼に部屋から出て行ってほしかった) [so＝so that; the hell [動詞と副詞の間に置いて強調の副詞として用いる]；wished の代わりに wishes を用いても，would → will とはならない]

(4) a. *I wish* you *would* succeed.

（なんとか成功すればよいが／させたいものだ）［仮定法：未来に対する願望］

 b. *I wish* you *may* succeed.

（君が成功することを祈る）［叙実法：実現の可能性あり］

 c. *I hope* you *will* succeed.

（君はたぶん成功すると思う）［叙実法］　　（以上，斎藤 (1937)）

② 現状への不満・イライラ感などを表す。

S_1 が有性主語であって，補文の助動詞に would が用いられると，標記の意味を表すことがある。S_2 が you のときには特にその傾向が強い。以下の例では，願望の実現は第三者（S_2）の意志（volition [would で表されている]）に依存しており，その行為を話者はコントロールできないため，不満・不快感を抱くことになる。would は単なる未来指標辞として用いているのではない。(6a, b) のように S_2 が you の場合は，語用論的に要請・命令・禁止などを表すことがある。

(5) a. *I wish* he *would* write more often.

（もっと頻繁に手紙を書いてほしいのに）［現状に不満；現在における S_2 のやる気 (willingness) に話者の関心がある］

 b. *I wish* they *would* change the menu.

（（あの店）メニューを変えてくれないかなあ）［背景に I'm tired of eating sausages.（ソーセージはうんざり）など，現状に不満

を感じており，将来の変化を願っているが実現の可能性は低いと話者はみなしている]

(以上, Thomson and Martinet (1988: §301))

　　c. *I wish* she *wouldn't* sing in the bath.　　(Swan (1980))
　　　（彼女，風呂の中で歌わなければいいのに）[イライラ感；背後に She *will* keep singing in the bath.（歌うのを止めようとしない）[will に強勢を置く]]

(6) a. *I wish* you'*d* give me a hand.
　　　（手伝ってくれてもよさそうなのに）[不満：You might have offered to give me a hand. を含意する]
　　b. *I wish* you *would* stop hovering about me.

(柏野・内木場 (1991))

　　　（私に付きまとうのはやめてほしい）

③　過去の事実と反対の事柄を表す（[had ~en] を用いる）。

(7)　Louise:　But you still love me, Paul.
　　　Paul:　Yes. And *I'll* always *wish* you'*d been different*.

(映画 *Rhapsody* [宮内 (1955: 補遺編, p. 175)])

　　　（「まだあたしのこと愛してるわよね，ポール」「ああ。僕の願いはいつも同じさ，君があんなでなかったらなあ」）[昔別れた恋人どうしが再会した時のやりとり。我儘な女のほうは，よりを戻したいと思っている。男のほうはそれが不可能であることを，過去完了形を用いて示している；未来時に自分を置いて回顧する表現]

(8)　*I wish* I *could have gone* with you to see that movie.　(K)
　　　（君と一緒にあの映画を見に行けたらよかったんだが）

以上の多くの例から，I wish を代表とする願望文の補文には，従節仮定法（法的時制 (p. 76, 脚注) としての過去または過去完了）と迂言

13.1.3. その他の願望表現

(1) a. *If only* I *had* more time! (Swan (1980))
   (もっと時間があればなあ)

   b. Oh, *if* this luck *would only* hold up! (K)
   (ああ、この運が続いてくれるといいのだが)[このように、only は本動詞の直前に置かれることもある]

   c. *If* I *had only known* that earlier! (K)
   (もっと早くそれを知っていたらよかった)[*If only* I had known ... とも言える]

   cf. *If only* he *comes* in time! (G 大)
   (彼が間に合って来さえすればなあ)[叙実法; Leech (1971: §164) は、if only は wish, it's time と同様、hypothetical verb forms (仮想を表す動詞形=仮定法) を要求すると述べているが、本例はその指摘が必ずしも当てはまらないことを示している (→ 2.2.5 ①)]

(2) a. *Oh that* I *were* there!
   (いまその場にいたなら!) [but I am not を含意]

   b. *Would* (*that*) I *were* there! (同上) [同上]

   c. *Oh were* I there! (同上) [同上]
   [Oh が単独で用いられる場合、動詞が主語に先行する]
   (以上、Onions and Miller (1971: §54))

(3) *Could* I see him once more! (大塚ほか (1983))
   (彼にもう一度会うことができれば!) [= I wish I could see ...]

(4) *Oh*(,) *that* [*O that*, *Would that*, *If only*, *I wish*] they *were* [*would be*] wise, that they *understood* [*could* [*would*] *un-*

derstand] this, that they *would consider* their latter end!

(Deuteronomy 32:29)

(ああ,彼らが賢くあってこのことを理解し,のちの結末を熟考してくれれば!)[願望を表す同一聖句の言い方を,英訳聖書の様々な versions から選んで示した:If only の場合は後続の二つの that は不要。O that はコンマを使用しない。 Oh, that はコンマが割って入ると教える語法書もあるが,必ずしもそうではないようである]

13.2. as if 節と仮定法

以下,as if 節で用いられる時制表現と軸時制(=主節の時制)との関係,as if 節で用いられる叙実法,as if 節内に現れる法助動詞の種類,また,as if 節が同等比較表現と相関的に用いられている例などを,いくつかの節 (section) に分けて,調べてみる。

13.2.1. as if 節が表す「時」と主節の「時」との関係

as if 節の動詞形が過去形*であれば,その節は軸時制(主節の時制)と同じ時間領域での「事実でない」事柄を表す [*be 動詞の場合はすべての人称で were を用いることができる。1・3人称で単数の場合は was も可]。as if 節の動詞形が過去完了形であれば,主節が表す時間領域よりも前の「事実でなかった」事柄として位置づけられる。

(1) a. He *talks as if* he *knew* [*knows*] everything. (齋藤 (1902))
(彼はすべてを知っているかのような話しぶりだ)[叙実法の knows は GL が追加して載せている例]
b. She *treats* him *as if* he *were* [*was*] her slave.
(女は彼をまるで奴隷のように扱っている)[現在の反事実を表すには過去仮定法を用いるが,口語表現では叙実法過去を用いる:

i.e. He *is not* her slave.]

c. He *looked as if* his eyes *were going to* pop out in surprise. (K)

(彼は驚いてその目は今にも飛びだしそうだった)

(2) a. I *feel* as if I *were* barred from happiness.

(幸福からのけものにされているような気がする)［過去仮定法は主節の動詞が示す「時」と同時を表す］

b. I *feel as if* I *had been* barred from happiness.

(幸福からのけものにされてきたような気がする)［主節の動詞が示す「時」よりも前；現在完了に相当］

c. I *felt as if* I w*ere* barred from happiness.

(幸福からのけものにされているような気がした)［主節の動詞が示す「時」と同時的；主節が過去時制であっても were は had been とはならない (→ 16.2(1b))］

d. I *felt as if* I *had been* barred from happiness.

(幸福からのけものにされた［てきた］ような気がした)［主節の動詞が示す「時」よりも前；大過去か過去完了に相当］

(3) He *talks* [*has talked, talked, will talk*] *as if* he *had been abroad*.

(彼はまるで外国へ行ったことがあるかのような話し方をする［した，するだろう］)［反事実］

(4) a. Ted *walks as if* his right leg *were* [*was, is*] injured.

(テッドは右足を負傷したかのような歩きぶりだ)［were は反事実（＝負傷していない）を含意；was は非事実（負傷の可能性がある）を含意；is は話者が，テッドが足を負傷していることは事実だと信じていることを示す (Declerck (1991))］

b. Tim *acts as if* he *were* [*was, is*] a king.

(ティムはまるで王様のように振る舞う)［were であれば実際は

第 13 章　仮定法を誘起する I wish / as if / It's time

王様でないこと，was であれば王様かもしれないこと，is であれば実際に王様であることを示す，という読みの傾向があるようである（G 大）；次例のコメントと比較］

c. He *behaves as if* he *owned* [*owns*] the place.
(Leech (1971: §164))

（彼はその建物を所有しているかのように振る舞う）［owned は所有していないことを前提とした読み（presupposes that he does not），owns は所有しているかどうかは不明という解釈（ただし，文脈によっては前者の読みになる）（原著者）］

(5) a. *As if* you *didn't* know! (R)
（そ知らぬ顔をして［知っているくせに］）

b. "I'm hungry."—"*As if* I *hadn't fed* you a couple of hours ago." (大塚ほか (1986))
（「腹がすいた」「2 時間前に食事を上げたのにまるで何も上げなかったみたいね」）

c. *It isn't as if* he *were* poor. (R)
（彼が貧乏だというわけじゃあるまいし）

d. *It isn't as if* I *hadn't warned* him. (R 大)
（彼に警告しなかったわけじゃなし）［以上，慣用表現である］

NB　齋藤（1902: 418）は群接続詞 'as if' を省略表現とみなし，次のように分析している。

(i) The child talks *as* (it would talk) *if* it *were* a man.
（その子は大人（だったら話すだろうが，そ）のように話す）

(ii) The child talks *as* (it would not talk even) *though* it *were* a man.[2]

---

[2] before, though, until, whether などに導かれる節では，今日は叙実法が用いられるが，古い英語では仮定法が用いられた。

(その子は大人（であっても話さないだろうが，そ）のように話す）［条件と譲歩の関係については，2.2.10(2) の注参照；また，than if 節の項を参照］

cf. He looks *as* (he *would* look) *if* he *were* ill (*though he is not*).
(彼は（実際には病気ではないが），仮に病気だったらこうかと思われるような顔つきをしている）［OED の分析（井上 (1967))］

13.2.2. as if 節で容認される叙実法

as if 節内の出来事が現実味をおびるときには，特に口語では叙実法が用いられる。用いられる時制は，現在完了，現在，未来［13.2.3 節］である。

(1) a. The milk *smells as if* it's *gone* off. (K)
(牛乳は腐ったような臭いがする）［現在完了］

b. I *feel as if* I'*m* catching a cold.
(どうも風邪を引きそうだ）

c. I *would rather* live my life *as if* there *is* a God and die to find out there isn't, than live my life *as if* there *isn't* and die to find out there is.

(Albert Camus [goodreads.com])
(私は自分の人生を，あたかも神がいないかのような生き方をし，死んでから神はいたのだと気づくよりは，むしろ，神が存在しているかのような生き方をし，死んでから神はいなかったのだと気づくようでありたい）［現在時制］

d. It *looks as if* the FBI and the gang *have done* a deal. (K)
(FBI とギャング団はどうも取引をしたようだ）［It looks as if の後には叙実法が続くことが多い］

第13章　仮定法を誘起する I wish / as if / It's time　　149

(2) a. You *look as if* [*though*] you*'re going to* cry.
　　　（今にも泣きだしそうな顔つきだ）［叙実法］
　　b. You *look as if* you*'ve been running*.
　　　（今までずっと走っていたようだね）［叙実法］
　　c. You *look as if* you*'d seen* a ghost.
　　　（まるで幽霊を見たような顔をしている）[if 以下の斜字体部＝反事実を表す過去完了仮定法（＝You didn't see a ghost.）]

(3) He *looked* at me *as if* I *were* [*was*] mad.
　　（やつは俺が気でも狂っているかのように見つめた）
　　［過去仮定法；くだけた言い方では叙実法の was を用いる，と Swan は注記している］　　　　　　　　　　（以上，Swan (1980)）

13.2.3. as if 節と共起する法助動詞の種類

(1) a. The scab *looks as if* it *will* soon fall off.
　　　（かさぶたはじきに取れそうだ）
　　b. He *looks as if* butter *wouldn't* melt in his mouth, and yet he is a notorious criminal.
　　　（彼は虫も殺さない顔をしているが，名だたる犯罪者だ）[butter would [will] not melt in one's mouth（ねこをかぶっている，よい子ぶっている）]
　　c. It *looked as if* it *would* turn into a gale.
　　　（強風になりそうだった）
　　d. He *stared* at me *as if* his eyes *would* bore two holes in my face.　　　　　　　　　　　　　　　　　（以上，K）
　　　（私の顔に穴が2つあくほど私をじっと見た）［同辞典の助動詞使用例では would が一番多い］

(2) At first she thought he must be someone she knew, for he

was looking at her *as though* she *should* recognize him.

(T. Capote［大江 (1983)］)

(彼女は最初, その男を自分の知っている人に違いないと思った。自分に見覚えがあるはずだといわんばかりに彼女を見つめていたからだ）[should は P 用法（「べきだ」の意味なら R 用法)]

(3) a. It *looks as if* we *might* have a storm.　　　　　　　(K)

(嵐でも来そうだ)

b. She *looks as if* she *might have been* something like that.

(Maugham［大江 (1983)］)

(まあ, 何かそのようなものだったらしいね) [相手から「彼女はバーのホステスをしていたのか」と尋ねられたときの返事]

最後の文は, as if 節の模範的な例文にしたいような表現であるが, "The subjunctive mood is in its death throes, and the best thing to do is put it out of its misery as soon as possible."（仮定法は断末魔の苦しみの中にある。なすべき最善のことは, できるだけ早く安楽死させることだ) と揶揄した W. S. Maugham も, 仮定法を使わずに作品を書くことはできなかった。Jespersen も日本の文法学者も, その著作の中に, Maugham から引用した多くの用例を収めている。

13.2.4. as if 節と同等比較表現

(1) a. It *rises as* clearly before my mind at this moment *as though* it *had happened* yesterday.　　　(吉川 (1957))

(それはまるで昨日の出来事のように, この瞬間はっきりと心の中に思い出される)

b. We *spend as* happy a time *as if* we *had been* in our own home.　　　　　　　　　　　　　　　　　(大塚ほか (1986))

(私たちはまるで我が家にずっといるかのように, 楽しく暮らし

ている）[あるいは，「郷里にいた昔の時のように」]

　c. By one day's service the worshipper *obtains as* much merit *as if* he *had served* thirty-three thousand days. (K)
（参拝者は1日の礼拝で3万3,000日礼拝しただけの功徳がある）
[… as much merit as *he would obtain* if … （3万3,000日礼拝したら得られるのと同じ功徳）の斜字体部を省略して簡略に表現した文である][以上，主節は現在時制]

(2) The child *listened* to the conversation with *as* much interest *as if* he *had been* quite grown up.
（その子は，大人みたいに興味を持ってその話に聴き入った）

13.3.　It's time と仮定法

　事柄が過去のものとなっているはずなのに（＝当然予期されることが実現されていない），という話者の思いが働いて，imaginative past（想像の過去時制）すなわち過去仮定法が用いられる。time の後ろに that を用いることはない。

(1) a. *It's time* you *applied* your mind to your studies.
（もう勉強のことを真剣に考えていい時間［時分］ですよ）

　b. *It's time* they *went* to grass; after all, they're nearly 80.
（彼らは引退してもよいころです。だって，もう80歳になろうとしているんです）

　c. *It's time* you *settled* down and *married* a nice domesticated girl. （以上，K）
（もうそろそろ身を固めて，すてきな家庭的な女性と結婚してもいいころだよ）[斜字体部は，文中において二つの要素の自然の順序，あるいは論理的順序を逆にした語法（修辞学でいう hys-

teron proteron（前後倒置））の例である：cf. When are you going to *get married* and *settle down*? (OALD)]

(2) a. *It's* (*high*) *time* you *went* to bed. （大塚ほか (1983)）
    (もう寝る時間ですよ)［同じ意味は, It is time (for you) to go to bed./It is time you should go to bed. でも表せるが, この二つが予定の時間であるという表現であるのに対し, you *went* to bed は仮定法であり, すでにその時間が過ぎているのに寝ていないので, 急きたてる感じを持つ表現である；high を用いるとその意味が強まる]

   b. "Tiny's cooking the breakfast this morning."—"*It's* about *time* he *helped* out with cooking." (Leech (1971))
    (「今朝はタイニが朝食を作っているわ」「そろそろ料理を手伝ってもいいころだよ」)［仮想形動詞 (hypothetical verb［仮定法として用いられた動詞—筆者])の helped に否定の効力［意味］があるとすれば, 現在にではなく, 過去（にしなかったこと）にあると Leech (1971: §168) は言う]

   c. *It's time* I *was* [*were] going.
    (おいとまする時間です)［Thomson and Martinet (1988: 293) は, 'it is time + I/he/she/it cannot be followed by *were*' だと言う：1・3人称単数の場合は要注意 (→ 16.2(1c))]

13.4. than if 節と仮定法

① 主節が現在時制

(1) I can generally puzzle a thing out in time. And then, perhaps, I *remember* it better *than if* someone *had helped* me.
   (Gaskell［吉川 (1957)])

第13章　仮定法を誘起する I wish / as if / It's time　　153

（私はよく考えて，たいていは問題の答えを結局は見つけ出すことができるのです。そして，そういうふうにすると，おそらく人に教えてもらった場合よりもよく覚えられます）[puzzle out = find the answer to (something difficult) by thinking hard (LDPV)]]

② 主節が過去時制

(2) a. Her look *made* our eyes fill suddenly with tears, more *than if* she *had cried* outright.　　　(CR; 吉川(1957))
（彼女の顔つきを見たとき，わき目も憚らずに泣いた場合にもまして，われわれの目は急に涙で一杯になった）[outright = in a direct way and without trying to hide anything (OALD)]

b. She sat by the side of the kitchen stove, sewing or reading, and *took* no more notice of him *than if* he *hadn't been* there.　　　(Maugham [吉川 (1957)])
（彼女は台所のストーブのわきに座って，縫物をしたり読書をしたりしていた。そして，まるで彼がその場にいないかのように全然彼に注意を払わなかった）[比較の対象となるものは仮想的な状況であって，条件文の帰結節が省略された言い方 [... than (she would have) if he hadn't been ...] である；次例も参照]

c. I *ended* up worse off *than if* I *hadn't followed* her advice.　　　(K)
（彼女の助言に従わなかった場合よりも，さらに私の立場[状態]は悪くなってしまった）[次の文の斜字体部を省略して簡略に表現したものである：I ended up worse off than *I would have* (= *I would have ended up*) if I hadn't followed her advice. （仮に彼女の助言に従わなかったら悪い事態になっていただろうが，それよりもさらに悪い事態になってしまった) be worse off = be in a worse situation (OALD)]

第 14 章

潜在条件 (implicit condition)

if 節によらないで条件の意味を表す副詞相当語句がある。Leech (1971: §165) が 'suppressed condition' と呼んだものである。Declerck (1991: §12.4C) は 'suppressed (implicit) condition' とかっこ書きして示したが、implicit のほうがこの用法の実体をよく表していると思えるので、英語の用語としては標記のものを選ぶ。

14.1. PP [前置詞句]／副詞(句)

(1) a. *But for air and water*, no living things *could* exist.
   (空気と水がなければ生物は生存できないだろう) [But for … = If it were [was] not for …]
   b. Diplomat: A man who is able to convince his wife that a woman *would* look stout *in a fur coat*.
   (駆け引きのうまい人: 毛皮のコートを着ると女は太って見えることを、妻に納得させることのできる男) [PP (prepositional phrase) = in a fur coat = if she wore a fur coat]

(2) a. I *wouldn't have thrown* up my new billet *for a fortune*.

第14章　潜在条件 (implicit condition)　　155

(Conrad [宮内 (1955)])

(一財産もらったって，今度の地位は投げ出さなかっただろう)

- b. *With two more levers*, we *could have removed* the rock.
(てこがあと二つあれば，岩を取り除くこともできたのだが) [cf. *With proper care*, he *can* live for another ten years. (適切な治療を受ければあと10年は生きられます) [叙実法]]

- c. *Thirty years ago* this *would have been* addressed to deaf ears.　　　　　　　　　　　　　　　　　　　　　　　(K)
(30年前だったらこれに耳を貸す人はなかっただろう) [←耳の聞こえない人に向けて話すようなものだったろう：副詞句]

(3) a. *In other circumstances* the two ladies *might have found* it impossible to have lived together so long.

(Jespersen (1933a))

(二人の婦人は，事情が違っていたら，それほど長い間一緒に暮らすことはできないと思ったことだろう) [to live も可：(=If they had been in other circumstances)]

- b. *With earlier notice*, I *might have been* able to help.
(もっと早くに通知してくれれば，援助できたかもしれないのですが) [= If I had received earlier notice]

(4) a. We're committed to the project. We *wouldn't* be here *otherwise*.　　　　　　　　　　　　　　　　　　　(OALD)
(われわれはそのプロジェクトに打ち込んでいる。さもなければこんな所にはいないだろう) [otherwise = if the situation were different (ibid.)]

- b. The new medicine rescued me from the illness which *otherwise would have been* hopeless.　　　　　　　　(R 大)
(新薬のおかげで助かったが，さもなければ助かる見込みはないところだった) [過去完了仮定法を用いた関係詞節によく見られ

る表現。次の otherwise は用法が異なる：Things *could have happened* otherwise. （事態は違った成り行きになっていたかもしれない）［otherwise = in a different way (OALD)］］

14.2. 準動詞

14.2.1. to 不定詞・動名詞

(1) a. I *would* give the whole world *to call* my son back to life. (江川 (1991))
   (死んだ息子を呼び戻せるなら，なんでも犠牲にしよう)［to 不定詞は目的を表す（…ためなら）とも解せる：e.g. I *would* give the world *to know* the answer. (K) （その答えを知るためならどんなことでもしよう）］

   b. It *would* be insanity *to give* up now. (K)
   (今やめてしまうなんて狂気のさただろう)［= if you gave up now］

   c. *For* the child *to solve* the problem *would* surprise everyone. (Imai et al. (1995))
   (その子が問題を解いたら，みんな驚くだろう)［for によって意味上の主語が表示された不定詞句が主語：cf. If the child *solved* the problem, it *would* surprise everyone.］

(2) a. It *would have been* wiser *to have left* it unsaid.
   (Jespersen (1933a: §24.5₁))
   (そのことは言わずにおいたほうが賢明だっただろう)［Jespersen が想像の完了不定詞 (perfect infinitive of imagination (*or* imaginative perfect infinitive)) と呼ぶ非実現を表す用法（= if you had left it unsaid）；to leave it unsaid も可（原著者）］

b. It w*ould have been* a terrible mistake *for* me *to have got* rid of him. (K)

(もしあのとき彼を追い払ったりしていたら，大変な誤りとなっていたところだ)

(3) *Sending* me away *would be* a greater wrong than what you have already done to me. (2 Samuel 13:16)

(私を追い返すなら，すでになさったこと以上の悪を犯すことになるでしょう)［動名詞；ほとんどの英訳聖書は叙実法の is が用いられている］

14.2.2. 現在分詞・過去分詞

(1) The same thing, *happening* in wartime, would amount to disaster.

(同じことが，もし戦時中に起こったら，大惨事になるだろう)［= if it should happen］

(2) This song, *plugged* properly, would become very popular.

(大江 (1983))

(この歌はうまく宣伝すれば，大いにはやるだろう)［= if it was [were] plugged］

14.3. 修飾語付き名詞句

修飾語付きの名詞句が主語あるいは目的語に用いられている場合，その修飾部分に潜在条件（if 節相当の意味）が感じられて，仮定法が用いられることがある。また，名詞句の修飾部分に潜在条件があるのであれば，修飾機能を持つ関係詞節にも潜在条件があることは予測できる。

(1) a. A man *with two arms could* fall down these stairs. (Fug.)
(腕が2本あったってこの階段から転げ落ちるだろう）［PP：本例では形容詞句］

　　b. A woman *in your position could* only try three things.
(A. Christie［石橋］)
(あなたのような身分の女性でしたら，試せることは三つしかないでしょう）［同上］

(2) a. A *true* friend *would have acted* differently.
(真の友だったら違った行動をしていただろう）［形容詞］

　　b. A *little* care *would have prevented* the accident.
(江川 (1991))
(少し注意すれば，事故にならなかっただろう）

　　c. You *couldn't* find a *nicer* neighborhood.　　　　(K)
(これよりいい居住環境は（見つけようたって）見つかりっこないよ）［言外に (even) if you tried］

(3) a. He *would* be a rash man *who should venture to forecast the remote results of the war.*　(Jespersen (1933a: §26.6$_2$))
(大胆にも遠い先の戦果を予測しようとするなら，その人は軽率な人間だろう）［主語の He を修飾する関係詞節に潜在条件 (if he should venture to)］

　　b. Death is really a great blessing for humanity, without it there could be no real progress. People *who lived for ever would* not only hamper and discourage the young, but they *would* themselves lack sufficient stimulus to be creative.　　　　(Alfred Adler)
(死は人間にとって，実際には恵みなのである。死がなければ真の進歩はあり得ないだろう。永遠に生きるなら，人間は，若者の邪魔をして彼らのやる気を無くさせるだけでなく，自らも創造的

第 14 章　潜在条件 (implicit condition)　　159

であるための必要な刺激を欠くことになるであろう) [同上：who lived for ever = if they lived for ever]

- c. She *wouldn't* dream of giving money to charities *that she did not know were above board.*　(Declerck (1991))
  (ガラス張りかどうか分からないような慈善団体に寄付をすることなど，彼女は夢にも思わないだろう) [if she did not know they were … ；本例は連鎖関係詞節 (were の主語は that) が用いられている。above board = legal and honest]

(4) a. He *shook* the old man as he *might have shaken* a dog *that had misbehaved.*　(大江 (1983))
  (彼は，まるで行儀の悪い犬を揺するかのように，その老人の体を揺すった) [if it had misbehaved；名詞句が目的語]

- b. Any person who *had behaved* in that way *would have been* dismissed.　(Quirk et al. (1985: §14.23 Note))
  (そんな振る舞い方をしたなら，誰だって解雇されたことだろう) [if he had behaved；名詞句が主語。主節が hypothetical past (perfective) の場合，潜在条件を表す関係詞節はしばしば主節の時制と照応する。上記 (1)～(4) の例からうかがえるように，この用法で修飾される名詞は，総称名詞 (generic noun：特定の指示対象を持たない名詞) に限られるようである]

14.4.　文脈の背後に

(1) a. I *wouldn't* go out in the rain.
  (ぼくだったら雨の中を出かけないのだが) [言外に if I were you を想定]

- b. I'*d* hate to live in a house like that.　(Leech (1971))
  (そんな家に住むのはいやですね) [Leech は condition として if

　　　　I had to を想定している]

　c.　A pin *might have been* heard to drop.

　　　(ピンが落ちる音も聞こえるほど静かだった)[言外に if it had dropped を想定]

(2)　Some have meat but cannot eat; Some *could* eat but have no meat; We have meat and can all eat; Blest, therefore, be God for our meat.　　　　　　　　　　　　　(Scottish Toast)

　　(食物があっても食べられない人がいる／食べることができても食べ物がない人がいる／ここには食べ物があり，みんなが食べられる／それゆえに神にこの食物の感謝を)[スコットランド人の乾杯の言葉。言外に if they had；meat《古》(飲み物に対して) 食べ物；blest《詩・古》= blessed；Blessed be God!(ありがたい；主をほめたたえよ)；原文は4行詩で脚韻 (rhyme) を踏んでいる (eat − meat)]

NB　言外に if I were you を想定するような本節の最初の例文 (1a) について，Swan (1980: §553) は興味深い説明をしている。

　(i)　*If I were you* I *should* get that car serviced.

　　　(僕だったらその車を点検してもらうのだが)

　(ii)　I *shouldn't* worry *if I were you*.

　　　(私だったらくよくよしないわ)　　　　(以上，Swan (1980))

この表現で用いる法助動詞は would ではなく，通常 should が用いられると Swan は言う (これは，Quirk et al. (1985: §11.3) や Declerck (1991: 431) の挙げた例と一致する (→ 11.2.2 (2c)))。上記 (i)，(ii) の言い方は，時には，それぞれ if 節を省略して，

　(i′)　I *should* get that car serviced.　((i) に同じ)

　(ii′)　I *shouldn't* worry.　((ii) に同じ)

という表現を使うと Swan はいう。そしてその意味は事実上，

　(i″)　You *should* get that car serviced.

(その車は点検してもらうといいよ)

(ii″)　You *shouldn't* worry.

(くよくよしないほうがいいわよ)

と同じだという。(i′) と (ii′) は潜在条件が感じられる文である。また，15.1 節で扱う婉曲もしくは控えめな助言・忠告を表すものであり，したがって，(i)，(ii) は条件文の形を借りた助言，すなわち間接発話行為 (indirect speech act) と見ることができる。

□ **Just for Fun (3)**

次の章では，法助動詞を用いた丁寧表現を扱う。次はそのための導入問題である。

問　題

以下の英文の中で与えられた [ ] 内の選択肢のうち，適切な言い方を選びなさい。(答えは第 15 章の末尾にあります。)

1. We would be happy to continue to cooperate in any way we [can, could] in facilitating the utility of the tester.

   (Kurdyla (1986))

   (試験器の使い勝手をよくするために，今後ともできる限りの協力を続けさせて頂きたいと存じます)

2. If [you'd care; you want] to see the photographs I'll bring them round.　　　(Thomson and Martinet (1988))

   (写真をご覧になりたければ持って参ります)

3. "Might I trouble you for a light?"—"You [may, might] indeed."　　　　　　　　　　　　　　　　(Swan (1980))

   (「(たばこの) 火を貸してくださいませんか」「いいですよ」)

第 15 章

単独で用いられる迂言仮定法

　過去形法助動詞（could, would, might, etc.）が，仮定法となじみの深い if 節や潜在条件を表す語句などを伴わずに，迂言仮定法の文として単独で用いられることがある。このときの法助動詞は，発話者（utterer）［書き手（writer）］の発話時における心的態度の微妙なニュアンスを伝える。

15.1. 心的態度を表す迂言仮定法

　発言は，単に情報を伝えるだけでなく，相手に働きかける function（機能［＝指示・依頼・許可・提案・非難・謝罪など］）を持つ。その際，仮定法を用いて遠慮・ためらい・控えめ・丁寧・皮肉など，話者のさまざまな思いや気持ち，いわゆる心的態度（a mental attitude）を表すことがある。仮定法の別名である叙想法が，ぴったり当てはまる用法である。その代表的な例を，いくつかに分類して示してみる。とは言っても，英語を母語としないわれわれにとって，例文中に表れている発話者の思いが上記のどれを指しているのかは，特定するのは困難である。ただし，気配りや慎重さの欠けた明

第 15 章　単独で用いられる迂言仮定法　　163

け透けな表現ではない，という印象は受けるはずである。[1] [　] 内に仮定法が伝える話者の思いや気持ちと思えるものを示す。英語での説明は OALD の定義を借りる。

(1) a. *Could* you pass me the apple sauce?　(Declerck (1991))
　　　（リンゴソースを取っていただけませんか）[原著者は，can を用いた場合よりも 'more tentative, deferential, tactful, polite'（ためらいがち（＝断言を控える），敬意を抱いた，気配りの利く，礼儀正しい）を表すと言う]
　b. *Could* you just hang on a second, Joan?
　　　　　　　　　　　　　　　(Carter and McCarthy (2006))
　　　（ちょっと待っていてもらえませんか，ジョーン）[聞き手は話し手の頼みを断れない（原著者）]
　c. *Could* I see your driving licence?　(Leech (1971: §173))
　　　（運転免許証を拝見してよろしいですか）[licence は英式綴り]
　d. *If* I *could* just have your attention for a moment please. Thank you.　(Carter and McCarthy (2006))
　　　（少しの時間お耳を拝借したいので，よろしくお願いいたします）[if 節が独立に用いられた口語表現；deferential な態度がうかがえる]

(2) a. "*Would* you mind turning the radio down?"—"No, I'*d* be glad to."
　　　（「ラジオの音を小さくして頂けませんか」「よろしいですとも」）[Lewis (1986: 121f.) は，このような would は丁寧を表すのではなく，'express an event [a situation] which is *psychologically remote* for the speaker (hypothetical)' [italics in the original]

---

[1] 話者の心態を表すのは仮定法に限られるわけではない。ちなみに，仮定法によらないで「丁寧さ」を表す例については，補遺 6 を参照されたい。

(話者にとって心理的に隔たった（仮想的な）出来事［状況］を表すのだという。心理的な距離を置くことは他人行儀になる／かしこまる，ということであろう］

b. Do you mind if I smoke?
   (たばこを吸ってもいいですか)
   (i) It *would* be nice if you *could* smoke somewhere else.
       (ほかの場所で吸って頂ければいいのですが)
   (ii) *To be honest*, I'd really prefer you didn't.
       (正直に言いますと，ご遠慮願いたいです)
   (iii) *Well, you see*, I'm allergic to smoke.
       (えーと，実は，煙アレルギーなのです)

   (以上，Marquez and Bowen (1983))
   ［仮定法が伝える心的態度は礼儀正しさ・丁重（polite = having or showing good manners and respects for the feeling of others）である；(ii)，(iii) の斜字体のような一種の緩衝的表現（hedge）で失礼を避けることも可。相手の喫煙が気にならないのであれば，"No, go ahead." （ええ，どうぞ）と言えよう］

c. *Might* I ask you for your opinion?　(Leech (1971: §174))
   (ご意見をうかがわせていただけないでしょうか)［'... but I don't suppose I may' が話者の心理に働いていると思われるが，実際には許可を得る際に用いる習慣化した丁寧表現である。上記に対する返答は，Certainly you may/can. である (Leech)；断る際の (2b) の丁寧な返答と比較］

   cf. *Would you like to* tell the rest of the class your own definition of what a tower block is?

   (Carter and McCarthy (2006))

(高層ビルとは何か，あなた自身の定義を教室のみんなに言ってあげなさい)［本例のように，年下の者に対する指示・命令 (command) を表す用法がある］

(3) a. Things *might* be worse. (GL)
(これならまあまあの状況です)［成り行きによってはもっとひどい状況になっているかもしれないのですが，の意］

b. It *couldn't* be true. (GL)
(まず本当ということはないでしょう)［It *can't* be true (本当のはずがない) よりも断言をはばかる控え目な表現。後者は単刀直入な言い方で，相手に対する配慮が感じられない；仮定法が伝える心的態度は遠慮・控え目 (reserved = slow or unwilling to show feelings or express opinions)］

c. The total *would* be about £260, I *would* think.
(Carter and McCarthy (2006))
(お代金は締めて260ポンドぐらいだと思うんですが)［would は advise, imagine, recommend, say, suggest, think などと共に用いて緩和表現 (softener) をなす］

(4) I *should* not call her beautiful. (CR)
(彼女はあまりきれいだとは言えないですね)［仮定法が伝える心的態度は自信のなさ (diffident = not having much confidence in yourself)］

(5) a. I *couldn't* think of leaving you at such a time. (CR)
(そんなときにまさか君を放っておく気にはなれないですよ)

b. I *could* wish he *would* be a little more considerate. (CR)
(彼にもう少し思いやりがあってほしいと思うのですが)［仮定法が伝える心的態度は婉曲 (roundabout = not done or said using the shortest, simplest or most direct way possible)］

c. What do you say we go to a movie tonight?

(Matreyek (1983))

(今夜映画に行かない？)

(i) I wish I *could* [I'*d* love to], but I'm busy.
(行きたいのだけど，忙しいもので)

(ii) *Maybe* next [some other] time.
(今度いつかね)

(iii) *I'm afraid* I can't.
(申し訳ないけど行けそうにありません)［いずれも断り文句の定番である。(i) は法助動詞により，(ii) は法副詞により，(iii) は緩和語句 (softener) により，あけすけな言い方を避けている：Can I take a raincheck? (またいつかにしてもらえません？) を添えることもある]

(6) a. It *would* seem there has been a mistake.
(どうも何か間違いがあったようですね)［seem という動詞自体に法性がある (→ 8.2 ⑤注記)]

b. One *would* suppose the danger is over.
(危険は去ったようですね)［個人的な感情や判断といった事柄について，話者ははっきりした態度を示したくない；I の代わりに，one (= you, we, they) を用いていることからも分かる]

(以上，Leech (1971: §165))

c. How old *would* she be? (GL)
(彼女はいくつでしょうかね？)

d. I *should have liked* to go with you. (GL)
(ご一緒したかったのですが (できませんでした))[2] ［仮定法が伝える心的態度はためらい・気おくれ (tentative = not behaving or done with confidence)]

---

[2] 非実現を表す完了不定詞については補遺7を参照されたい。

第 15 章　単独で用いられる迂言仮定法　　167

(7) a.　You *might* tell me what's on your mind.

(Declerck (1991))

　　(ⅰ)　悩み事を話してくれてもいいじゃないか。

　　　　［It's annoying that you haven't told me yet を含意（原著者）］

　　(ⅱ)　気になっていることを私に話しなさいよ。

　　　　［相手にある行動を仄めかす軽い要求・提案をあらわす用法で，文尾に will you? を添えることがある。この意味の場合は might の代わりに could を用いることも可］

　b.　You <u>*might have let*</u> us know beforehand.

(CR; 中島 (1980))

　　（前もって私たちに知らせてくださってもよかったでしょうに）［仮定法が伝える心的態度は（穏やかな）非難・不満（reproach = a word or remark expressing (mild) blame or criticism)。Declerck によれば，この用法は 'mild reproach' を表す。Leech (1971: §176) によれば，might の代わりに could を用いても意味はほとんど変わらないが，いずれの場合にも助動詞は強勢を受ける（下線で示した）］

　c.　You *might* see the difference.　　　　（中島 (1980)）

　　（違いが分かりそうなものなのに）［不可解・不満・皮肉など，文脈によって解釈は異なるであろう］

　d.　You *might* help me with the washing up, *will you*?

(Declerck (1994))

　　（皿洗いを手伝って下さらない？）［依頼；付加疑問に注意］

(8) a.　How *could* you forget that we're going out to dinner tonight?　　　　(Carter and McCarthy (2006))

　　（今夜は外食の予定だったのに，よくも忘れられるもんですね）［不満・非難 (disapproval / reproach)］

    b. You *could have told* me. Why did you keep it all to yourself? (ibid.)
       (僕に言ってくれてもよかったのに。どうして秘密にしていたの?)［同上］
(9) a. What *should* he know about it? (CR)
      (彼がそれについて何を知っていようか)［should は疑問詞と共起して，当惑・否定したい気持ちなどを表す］
    b. How *should* I know? (GL; Quirk et al. (1985: §14.25))
      (どうして私が知っていようか)［疑問詞と共起して：不可解・イライラ感］
    c. Why *should* cooking be a female preserve? (K)
      (料理はなぜ女性の領分でなくてはならないのでしょう)［「当然」の意の should を疑問視すると不可解・不条理の意味になる］
    d. I'm amazed that he *should have done* something so stupid. (Carter and McCarthy (2006))
      (彼がそんな愚かなことをしたなんて，驚きだ)［実際に起きた事柄に対する不信・驚き；以上，emotional *should* の例］

上では，at random に心的態度の例を示した。これら話者の思いは，遠隔時制（過去時制：remote tense）の持つ現実からの，あるいは心理的な距離感によって生じるものと思われるが，これら一見バラバラに見える心的態度も，元をたどれば一つの心状から発して次々と適用意味を広げていったのではないか。以下 (10) は，それらの意味が段階的に変化していったと思われるいわば意味変遷の仮説である。言うまでもないが，根っこにある①は共通であっても，一つ一つの法助動詞が下に挙げた心的態度のすべてを表すわけではない。どのような心の状態を伝えるかは，各法助動詞固有の意味や用法，そして文脈に依存している。

(10) a. ①仮定法ゆえ事実を述べるのではない―②ためらい・気後れ―③断言をはばかる―④慎重―⑤仄めかし―⑥丁寧（な要求）
   b. ①同上―②気兼ね―③遠慮―④遠回し（仄めかし）―⑤皮肉―⑥非難
   c. ①同上―②気兼ね―③遠慮―④控えめ―⑤丁寧

15.2. 従節の中で用いられる迂言仮定法

　第 14 章では，潜在条件を伴った（= if 節を用いない）仮定法文が独立文として用いられている例を扱った。本節では，そのような仮定法文（= 迂言仮定法を用いた主節に相当）が，名詞節・形容詞節・副詞節，すなわち従節として用いられている例を調べる。

(1) a. It makes my skin creep to think what *might have happened*. (K)
   （起こったかもしれないことを思うとぞっとする）［名詞節の中］
   b. I put away the money I *would have spent* on a taxi to the station. (J)
   （駅までタクシーに乗ったつもりで貯金した）［形容詞節］
   c. She had the ingenuity to make up an excuse that nobody *would have thought* was an excuse. (K)
   （彼女はほかの人たちが言い訳と感じないような言い訳をする才能をもっていた）［「まさか言い訳だとは思わないような」；that 以下は連鎖関係詞節］
      cf. Spouse: Someone who will stand by you through all the trouble you *wouldn't have had* if you*'d stayed* single in the first place.

(配偶者：そもそも独身でいたら遭う憂き目にはならなかったはずの災難の間じゅう［力になって／傍に立っていて］くれる人）［形容詞節の中：if 節がある例］

(2) People with clear, written goals, accomplish far more in a shorter period of time than people without them *could* ever *imagine*. (Brian Tracy)

（文字に書き記した明確な目標をもつ人間は，そのような目標をもたない人間が想像するよりも短い期間内で，彼らよりもはるかに多くのことを，成し遂げる）［without them = if they *did* not have clear, written goals; 副詞節（than 節）の中で］

□ **Just for Fun (2) の答え**（p. 77 を参照）

［注］ 著者は，「それぞれの境界は全く恣意的なものであり，<u>正解はない</u>，またどの段階に属するかについて意見の分かれる文もある。一応与えた答えは単なる目安にすぎない」ということをくどいほど強調しているので，その点は理解しておきたい。just は may, might, could と共起して「ひょっとすると」の意。no way (《米話》［強い拒否と否定に用いて］)「決して...ない」。perhaps は，AHD によれば，法副詞 possibly, maybe と同義である。

［答］ 1.-A 2.-D 3.-E 4.-F 5.-I 6.-C 7.-B 8.-H 9.-H 10.-C 11.-G 12.-C 13.-H 14.-B 15.-C

□ **Just for Fun (3) の答え**（p. 161 を参照）

1. can ［本例の場合は，積極的な姿勢を示す必要があるので，could は不適切であろう］

2. you'd care ［want / wish to よりも would like / care to のほうが丁寧である］

3. may ［上記 (1) と同じ理由 (→ 15.1(2c))］

第 16 章

仮定法と時制の一致

　ある種の動詞の過去形（said, knew, thought, wondered, etc.）が軸時制（上位節の時制）であって，仮定法の文がその補文をなす場合，時制の一致（sequence of tenses）を受けないのが原則である。法性の観念と時制の観念が競合するときには，法性が優先されるからである（MEG IV, 11.7(4)）。この点は，直接話法において用いられる被伝達部の仮定法が，非事実を表すかあるいは反事実を表すかによって，間接話法で用いる仮定法の種類が異なってくることにも表れる。他方，時制の一致という文法上のルールを無意識に適用する場合（＝心的惰性）もあり，さらに，伝達者である話者の意識と視点を考慮に入れなければならないケースもあって，仮定法と時制の一致という問題は，機械的に照応させることのできない事柄である。

16.1. 原形仮定法が用いられている場合

（1）a.　"We insisted that he *leave* at once," she said.
　　　（「私たちは彼がすぐに立ち退くよう要求しました」と彼女は言った）[⇒ She said that they (*had*) *insisted* that he *leave* at once.

(Quirk et al. (1985: §14.34))]

- b. Franklin and his men *were* prepared to fight to the death *if need be*.

  (フランクリンと部下は，必要ならば討ち死にする覚悟だった)
  [斜字体部は慣用表現である：cf. 11.1.4(2a)]

- c. Eric *forgave* her on the sole condition that she *maintain* that same friendly attitude when he was well again.

  (エリックは，自分が回復したら彼女が以前と同じ例の友好的な態度を続けるという唯一つの条件で，彼女を許した) [condition は 11.1.1(3) で列挙した名詞の一つ]

  cf. He *told* me, God *be* thanked, he was in no necessity of going anywhere.

  (彼は，ありがたい話ですねえ，どこへも行く必要はないと言うんです) [挿入節＝祈願文]

  (以上，MEG IV, 11.7(1, 2, 7))

(2) a. He said, "If the girl *be* really hard-working, she will be rewarded."

   (「その娘が本当に働き者なら報いられるだろう」と彼は言った) [⇒ He *said* that if the girl *was* [*were,* (まれ) *be*] really hard-working, she would be rewarded. (井上 (1967))]

- b. He said to me, "God *bless* you!"

  (彼は私に神の恵みがありますようにと言った) [⇒He *prayed* that Go *might* bless me. (西尾 (1984))]

  cf. He said to me, "*May* you succeed." (彼は私の成功を祈ると言った) [⇒He *expressed his hearty wishes* for my success. (西尾 (1984))；(2b) とともに祈願文]

16.2. 仮定法を誘起する表現の場合

(1) a. "I *wish* I *had* more time to talk with you," he said.
   (もっと話す時間があればいいのに) [⇒He said he *wished* he *had* more time to talk with me.]
   cf. He wished he *could have said* more. (Hilton [石橋])
   (彼は，もっと話せればよかったのに，と思った) [←He said to himself, "I wish I *could have said* more." の描出話法 (represented speech) と解する；could have said のほうが had been able to say よりも普通]

b. "I feel *as if* my head *were* splitting," the man said.
   (頭が割れそうだ，と男は言った) [⇒The man said he *felt* as if his head *were* splitting.；発話時の反事実を伝えたいという話者の側の「思い」は形式 [*had been] よりも優先]

c. "*It's about time* you *were* up and about again," he said to her.
   (お前はもう元のように起きて動ける頃合だ，と男は女に言った) [⇒He told her that it *was* about time she *was* up and about again.；この構文の 3 人称単数では, she were ... ではなく she was ... が正用である (→ 13.3(2c))。もう 1 例：He thought *it was time* he *visited* the place. (石橋 (1973))]

(2) a. Mother said, "You *might* at least offer to help."
   (手伝いましょうくらい言ってもいいわね) [⇒Mother *said* that I *might* at least offer to help. (江川 (1968))]

b. *If* I *had only known* we *were to have had* the pleasure of meeting you. (MEG IV, 11.4 (3))
   (あなた様にお会いできることになっていると予め分かってさえいたら) [← I did not know I was to have the pleasure of ... を

仮想表現したもの；下線部は原著者の思い違い (we were)]

c. He said to me, "*Would* you (*like to*) have lunch with me?" (Thomson and Martinet (1988))
(昼食をご一緒しませんか，と彼は言った) [⇒He *invited* me to (have) lunch with him.]

16.3. 仮定法条件文の間接話法

(1) a. He said that he *would* go, if she *came*. (石橋 (1973))
[以下の二つの間接話法なので意味は曖昧]
 (i) He said, "I *will* go, if she *comes*."
 (「彼女がきたら僕は行く」と彼は言った) [叙実法]
 (ii) He said, "I *would* go, if she *came*."
 (「もしも彼女がきたら僕は行く」と彼は言った) [仮定法；事柄の実現度は (i) のほうが大きい]

b. He said, "I wonder if the rumor *be* true." (井上 (1967))
(その噂は本当かしら，と彼は言った)
[⇒He *wondered* if the rumor *were* true.；He said (that) he wondered if ... は awkward なので避けたほうがよい]

c. He said that he *would have gone*, if she'd come. (石橋)
(彼女が来たら自分は行っただろうと彼は言った) [過去完了仮定法 ("I *would have gone*, if she'd come." (彼女が来たら僕は行っただろう)) の間接話法である]

(2) a. He said, "If you *called* on me tomorrow, I *could* see you for half an hour." (Swan (1980: §538))
(明日訪ねてきたら，半時間会えるかもしれません) [⇒He said that if I *called* on him the next day he *could* see me for half an hour.；叙述内容は生じ得る可能性があるので過去完了仮定法は

不可，と同著者は言う〕

b. He said, "If I *had* any money, I'*d* buy you a drink."

(ibid.)

(お金があれば一杯おごれるのだが)〔⇒He said if he'*d had* any money he'*d have bought* me a drink.：話者は叙述内容を，生じ得ない仮想の事柄とみなしている(Swan (1980))；元の文は反事実を表すので，過去完了仮定法にする必要がある(筆者)〕

c. "If he *were* here, he *would* vote for the motion," she said. (Quirk et al. (1985: §14.34))

(もし彼がこの場にいたら，その動議に賛成するだろう)〔⇒She said that if he *had been* there, he *would have voted* for the motion.；指示時に変化がある場合，hypothetical past (過去仮定法のこと) は，hypothetical past perfective に後方転移 (backshift：時制が過去に向かって移される現象) される，と原著者は言う；筆者の見解は (2b) と同じ〕

d. "If she *stayed* another day, he *would* drive her home," he said. (ibid.)

(彼女がもう一日留まったら，やつは彼女を車で送り届けるだろう，と彼は言った)〔⇒He told me the following week that if she *had stayed* another day, he *would have driven* her home. (ibid.)：間接話法のほうは，the following week を挿入することにより，指示時に変化があったと原著者は見ている。話者(元の文の書き手)の発話内容が発話の時点で当てはまると話者が判断すれば，He said that if she *stayed* another day, he *would* drive her home. とすることもできよう。ただしその場合，"If she *stays* another day, he *will* drive her home," he said. の間接話法と取られる可能性もある。間接話法の二つの he は別人〕

16.4. 話者の意識が選択する叙法と時制

(1) a. The doctor said to me today, "You *can* drive your car within a couple of weeks."

(医者は今日私に言った，「あなたは，2週間以内で車を運転できます」) [⇒ (i), (ii)]

   (i) The doctor *said* today that I *could* drive my car within a couple of weeks.

   [通常の時制の一致で，話の内容に対して話者が判断を加えることなく，ただ取り次いでいるだけ]

   (ii) The doctor *said* today that I *can* drive my car within a couple of weeks.　　　(Gardner [石橋 (1973)])

   (医者は今日，私が2週間以内で車を運転できると言った) [従節の内容が未然のこと，または現に続行中のことを表すとき，時制の一致は行われない (原著者)；話者は (伝達者ではあるが)，従節内の内容が発話時点の現在も変わらない (=現在の事実) と判断している (筆者)] [(i) は，The doctor said to me today, "You *could* drive your car within a couple of weeks." (控えめな言い方) および The doctor said to me today, "You *can* drive your car within a couple of weeks." の両方の間接話法になり得る]

   b. He *argued* that a new chemical factory *might* [*could*, *may*, *can*] disturb the natural poise of the region.

(Declerck (1994))

(彼は，新たな化学工場はその地域の自然のバランスを乱すかもしれないと主張した) [時制よりも法性が優先されるという観点からすれば，that 節の命題が成立する可能性に対する，話者 (伝達者) の発話時の意識が反映されている，と言えよう。使用され

第 16 章　仮定法と時制の一致　　177

ている法助動詞の順に可能性が大きくなる（→ p. 77, gradient）]

(2) Even if she *had gone* out to lunch, *it was time* she *was* back.　　　　　　　　　　　　　　　　(MEG IV, 11.5(2))

（彼女は昼食のために出かけていたにしても，もう戻ってもよい時間だった）[最初の was は叙実法過去；2 番目の was は仮定法のため時制の照応 [*had been] はしていない（→ 13.3(2c)）]

(3) a. "Look here, Blore. I'm worried."—"I *should* say we *were* all worried."　　　　　　　　　　　　　(安井[2])

（「ねえ，ブロー，僕は心配なんだよ」「心配なのは僕たちみんななんだよ」）

b. "I suppose you are glad."—"I *should* think I *was*."

（「うれしいでしょう」「まあ，そうですね」）[(3a) とともに RT は現在]

c. If we *went*, people *would* think we *were* mad.

(以上，MEG IV, 11.4(3))

（もし僕たちが行ったら，気が狂っていると思われるだろうな）[RT は未来：以上の例はすべて，過去形の should/would に引きずられて，すなわち心的惰性（mental inertia）によって，補文に過去時制が用いられたもの]

(4) a. I *should* say (that) she*'s done* quite a good job.　　(K)

（彼女はとてもよい仕事をしたと言ってもいいでしょうね）[断言を避ける慎重な緩和表現]

b. I *should* think we*'ll* need at least twelve bottles of wine.

(Swan (1980))

（ワインは少なくとも 1 ダースは必要でしょうね）[同上；上の例と同じく，時制の一致が行われていない]

c. If the poor thing *didn't* bark at everyone who *passes* it *wouldn't* be kept there.　　　　　　(Galsworthy [石橋])

(その憐れなやつ(犬)が,通りかかる人に見境なく吠え立てなければ,そんな所に閉じ込められてはいないだろう)[過去仮定法の文:passes が did と照応していないのは,人々が行き来するのは現在の事実であり,if 節の過去時制と無関係に成立する事柄である,と話者が判断しているから]

NB 英語の母語話者も仮定法は苦手?

　仮定法は英語を母語とする人々にとっても苦手らしく,英語の正用法を指南するウェブサイトの解説者が,自分の用いた例文をのちに訂正したのを目にしたことがある。ここでは,あるウェブサイトで見つけた間違いと思われる例を一つ紹介する。ホテルを利用した客が,「部屋も設備も,またスタッフの対応も申し分なかったが,部屋のエアコンが作動せず,隣室の騒音でよく眠れなかった」ことに苦情を寄せた。(騒音はタオル加温機の音だった。)以下は,それに対するホテル側の回答文の一部である。

　　Next time plase [sic] advise immediately the front desk staff;
　　they *would have been* glad to help you switching off the towel
　　warmer!　　　　　　　　　　　　　　　　　　(tripadvisor.co.uk)
　　(次回には速やかにフロント係にお知らせください。お客様がタオル
　　　加温機のスイッチを消すのを喜んでお手伝いしたことでしょう)

　冒頭に Next time があるので,将来のこと(もしそのような事態が起これば)を想定しているのは明らかなはず。それなのに,過去完了仮定法を用いている。斜字体部は would be とすべきであろう。(もっとも,回答者の頭の中に,if you *had* immediately *advised* them (あのとき直ちにお知らせくださっていたら)という意識が働いて,上記のような返事になった,という善意の解釈もできよう。さらには,11.3.5 節で扱ったのと同じ用法の過去完了仮定法と言えなくもない。)

#　　補　　遺

1. 確認的断言の意味を表す完了形 (p. 30, 3.4(1))

　標記の用法は，注記した本文では会話体で用いられているが，もちろん地の部分でも用いられる。現在完了には，学校英文法でいうところの「完了・結果・経験・継続・反復」のどれにも当てはまらない用法がある。この用法は聖書に多く見られる。

(1) a. If a man sleeps with his father's wife, he *has dishonored* his father. Both the man and the woman must be put to death. (Leviticus 20:11)
(もし男がその父の妻と寝るなら，自分の父を辱めた（ことになる）のである。男も女も死に処さなければならない）

　b. If you ever return safely, the LORD *has not spoken* through me. (2 Chronicles 18:27)
(もしあなたが無事に戻ることがあるとすれば，主は私を通して話さなかったことになる)［王が戦いに出ることを戒める預言者の言葉；「神は確かに私に話された」ことを強調する修辞条件

(→ 6.2)〕

上の現在完了は,「したことになる」とか,「したのだ」と訳せる。いずれにしても, 事実を確認して断言している調子がみえる。「したことになる」という事実確認的な意味は, 未来完了で特に現れやすいようである。

(2) And what if you go in the wrong direction? Then you *will have wasted* time, and time is finite.　　　(tinybuddha.com)
（それに, 君がもし間違った方角に行くとしたらどうだろう。そうなると, 時間を浪費したことになる。しかも, 時間には限りがあるのだ）〔条件節の命題が実現すると仮定した場合, その帰結を述べる主節中の斜字体部が確認的断言を表す；⟨will have ~en⟩を「〜してしまっているだろう」というような意味で理解したのでは, 文脈と整合させることができない〕

(3) We tell you the good news: What God promised our fathers he *has fulfilled* for us, their children, by raising up Jesus.　　　(Acts 13:32, 33)
（私たちは福音を伝えている。神が私たちの父祖に約束したことを, 神はイエスを甦らせることによって, その子孫である私たちのために成就されたのだ）

イエスが復活を受けたのは, このパウロの発言の十数年前のことである。それほど遠い過去の出来事について現在完了を用いることは, 普通は, しない。本例の現在完了は, 神は間違いなく約束を成就したという意味合いを持つもので,「事実の確認的主張」とでも呼ぶべき用法である。出来事が遠い過去か近い過去かにかかわらず, その出来事が,（話者にとって）事実であることに疑問の余地がないことを自ら確認し, また聞き手にそのように受け取ってもらい

たいという気持ちを伝える効果を持っている。

(4) Do not be afraid, Paul. You must stand trial before Caesar; and God *has* graciously *given* you the lives of all who sail with you. (Acts 27:24)

(パウロよ,恐れてはならない。あなたはカエサルの前で裁きを受けなければならない。神は恵み深くも,航海をともにする者すべての命をあなたに賜ったのだ)

航海中に大嵐に遭っている最中,神の使いがパウロに告げたことば。この後も船は1日以上波に揉まれ,ついにマルタ島に座礁する。一連の出来事の結末は,In this way everyone *reached* land in safety. (27:44)(こうしてすべての者が無事に陸地にたどり着いた)となっている。現在完了の用いられている上掲文 (God *has* graciously *given* you the lives) がこの記述 (=27:44) の後に続くのであれば,過去の出来事の「結果」として理解できる。ところが,記述の順序が出来事と逆になっているのである。これは矛盾ではなく,現在完了の意味をどう解釈するかの問題である。神の使いは,自分の言葉が事実であることに疑問の余地がないことを,自ら確認し断言している,と解釈すれば納得ができるはずである。現在完了は,一般的には,過去の出来事と意味的なつながりを持つのに,この例に限っていえば,has given の効力は未来に及んでいるといえる。同様の用法は,聖書のほかの部分からでも,また一般の書籍からでも,探せばいくらでも見つけることができよう。

(5) a. "When will [does] class begin?"—"It's (=It *has*) already *begun*."

(「授業はいつ始まるの?」「もう始まっているよ」)

b. "When did we do lesson 16?"—"We *haven't done* it

yet."

(「第16課をしたのはいつでしたか？」「まだしていません」)

(以上，Celce-Murcia and Larsen-Freeman (1983))

文法書から引用した上の二つの例は，質問者が用いた時制が事実と異なっていることを，応答者が現在完了を用いて訂正している。すなわち，事実を確認しているのである。

そこで以上をまとめ，このような現在完了を，「(事実の) 確認的断言」(fact-affirmation) の用法として扱いたい。

先に，事実確認的な意味が未来完了で用いられている例をみたが，過去完了でも同じ意味があるようである。次例の最初の過去完了はいわゆる大過去 (＝過去のある時点よりもさらに遡った過去) を表すが，2番目の過去完了は確認的断言を表しているといえる。

(6) From Attalia they sailed back to Antioch, where they had been committed to the grace of God for the work *they had now completed*. (Acts 14:26)

(彼らはアタリヤから船でアンティオケに戻った。かつてこの地で，彼らは今やなし終えた業のため，神の恵みに身を委ねたのだった)

[「完了」の意味に取れるのは complete の意味の影響であって，話者 (聖書の筆者) としては断言したい気持ちが強いと思われる]

2. 法 (mood) について (p. 70, 8.1)

「最も注目に値する」mood の定義として宮内 (1955: 43) が引用した Poutsma (1922) の定義は次のとおり。

(1) By mood we may understand a form of the finite verb, or a verb-group, by means of which the speaker expresses his

mental attitudes towards the fulfilment of the action or state expressed by the predicate.

(*Mood and Tense of the English Verb*, p. 1)

(法とは，話者が，述部によって表されている行為・状態の実現に対して自分の心的態度を表明する時に用いる定形動詞の形あるいは動詞群のことと理解してよい）[verb-group とは，主要素である動詞に他の要素（名詞［目的語］，形容詞［補語］，副詞，不定詞など）が付属している語群のことを言う]

3. 法助動詞の現在形は仮定法か？ (p. 74 ③；p. 104, 脚注 3)

　宮内（1955）は，現在形法助動詞に仮定法の用法があるのかに関し，疑問を呈して次のように述べている。「Curme (*Syntax*: §44) は能力を示す場合の can にも仮定法的な力を認めている。たとえば Mary can walk [can write]. の can は直説法ではあるが，'They have in a certain sense the force of the potential subjunctive.' (現在形法助動詞には，ある意味では可能仮定法の効力［意味］がある）と言っている。なぜなら they express only the possibility of action と言うのであるが，この場合は possibility（可能性）ではなくて capability（能力）である。そしてこの can はやはり直説法と認め，仮定法的要素は否定すべきであろう。なぜなら capability（能力）には非現実性も可能性も含まれていないから。もしこの can を認めると be able to も，したがって have to とその意味での must も同様に認めなければならなくなる。Curme (*Syntax*: §44, I) は I can do it がもしまだやったことのない人が言ったとすれば 'It expresses here the abstract subjunctive idea of possibility.' と言っているが，これには賛成しがたい。一度やったことのある人でも次にはやれないかもしれないし，やったことがあるかないかで can の文法

範疇を決めるのはどうであろうか。いずれにしてもこれは信念の大小であって，非現実性や可能性の大小とは別の範疇であろう」。(同書, p. 117fn. [宮内は引用原典の411頁に言及])

　宮内の見解もさることながら，何を法として認めるかは文法家によって異なることも考慮しなければならない。たとえば能力・可能を表す「can, could, may, might＋不定詞」を可能法 (potential mood)，祈願や願望などを表す God bless you! /May he rest in peace. のような「(may＋)動詞の原形」を願望法 (optative mood)，義務・強勢を表す 'I'*m to* be in the barracks before midnight.' (CDG) (本官は真夜中までには兵舎に戻っていなければなりません) を強制法 (compulsory mood) などと名付けていけば，収拾がつかなくなる。本書では，「法」は本文 8.1 節 (3) で示した①, ②, ③の三種に限定し，法助動詞の過去形のみを仮定法と認める。

4. 仮定法の使用に見られる混乱 (p. 136, 表 2 の注 4)

　英訳聖書の各種刊本を比較すると，同一聖句を異なった仮定法で表現していることが多いことに気づく。Hebrews 11:15 から例を取ってみる。

(1) If they *had been* thinking of the country they had left, they *would have had* opportunity to return.　　　　　(*NIV*)
(彼らが後にしてきた故郷のことを考えていたのであれば，戻る機会もあったことだろう)

多くの聖書は (1) のように，帰結節で用いる助動詞を might, could とする違いはあっても，過去完了仮定法の標準的な形式に則っている。以下の英語訳は変則的であり，反事実を表す表現にはなっていない。(2a) と (2b) は従節・主節で用いられている時制

が，お互いに逆になっている。

(2) a. If they *were* thinking about where they came from, they *would have had* an opportunity to return. (*HCSB*)
[叙実法過去あるいは過去仮定法]＋{過去完了仮定法}；近年の訳；過去仮定法は過去の事柄を表し得る (11.2.1)]

b. And if they *had been* seeking that city which they had left, they *had* time to return again to it. (*ABPE*)
[[叙実法過去完了]＋{叙実法過去} と考えられる。again は「再び」ではなく「元の所へ (back) の意」；最近年の訳]

c. And if they *had called* to mind that (= their country) from whence they went out, they *had had* opportunity to have returned. (*DBT*)
[① [過去完了仮定法]＋{過去完了仮定法}；帰結節の had had は，古風な英語の過去完了仮定法である。*DBT* は 1890 年に刊行された。これを，② [叙実法過去完了]＋{叙実法過去完了} と解釈するには無理があろう]

5. 規範文法の功罪 (p. 138, 脚注 1)

ひととき，我が国の多くの英文法学者が，*A Dictionary of Modern English Usage* (略して MEU) を利用した。著者は，POD, COD の編纂者の一人であった H. W. Fowler (1858-1933) である。MEU (1926) は BrE の綴り・発音・文法・語法などについて，当時としては，特に文章を書く際の規範となるものを目指したようである。そのため，著者自身の硬直した文法観を押し付けるような箇所も散見され，Jespersen から 'instinctive grammatical moralizer' (本能的文法教訓家) と批判された (永嶋 (1985))。次の (1), (2) がそ

の一例といえよう。

(1) *As if, as though*: These should invariably be followed by a past conditional, & not by a present form (*would*, not *will*; *could*, not *can*; *did*, not *does*; *was* or *were*, not *is*; *had gone*, not *has gone*; *knew*, not *knows*).
(As if, as though；これらの語句の後には必ず過去条件法［＝仮定法］を用いるべきであって，現在形であってはならない。(will ではなく would；can ではなく could；does ではなく did；is ではなく was か were；has gone ではなく had gone；knows ではなく knew を用いるべきだ))（MEU, s.v. as 4)

彼は，動詞の like, prefer, care, be glad, be inclined などは，1人称・仮定法で用いるときは would ではなく should が正しい，と断言する。'I would like to say' is no more idiomatic English than 'I would find it hard to say' ('前者' が慣用語法に適った自然な英語でないのは '後者' と同じ) と述べ，後者の言い方に嫌悪を感じるような多くの人が，事もなげに前者の言い方をするといって，慨嘆して（あるいは，皮肉って）いる。当時の英国人も，彼からみれば使い間違いをしたらしい。彼は，今日では問題にならないような次の例をふくめ，would を用いた多くの例を挙げて，すべて<u>間違いであると</u>断じている。

(2) a. In regard to the general question, I *would* like to speak today with a certain amount of reserve.
（一般的な質問に関しては，本日は幾分控え目にお話ししたいと思う）
b. If we should take a wider view, I *would* be inclined to say that ….

補遺　　187

　　（もっと広い見方をすれば，次のように申し上げたい気になります，つまり...）(ibid., s.v. shall 2)［90年も前のBrEについての記述であるから，そのことを考慮する必要がある］

　同書には読者を楽しませるような項目や記述もあるので，それを紹介して著者の名誉を挽回したい。

(3) *Halfpennyworth* is best spelt & pronounced *ha'p'orth*, hāp*a*th.
　　（'Halfpennyworth' は ha'p'orth と綴り，[héipəθ] と発音するのが最善である）(s.v. half)［関連して，twopence, threepence の発音にも注意。同書は，日本人にはなじみのない diacritical mark（発音区別符号）を採用しているので，訳文では国際音標文字（IPA）で示した。また説明文・例文を問わず，接続詞 and の代わりに一貫して ampersand (=&) を用いて，紙面を節約しているのが特徴である］

(4) The English-speaking world may be divided into (1) those who neither know nor care what a split infinitive is; (2) those who do not know, but care very much; (3) those who know & condemn; (4) those who know & approve; & (5) those who know & distinguish. ... Those who neither know nor care are the vast majority, & are a happy folk, to be envied by the minority classes.
　　（英語圏の人間を次のように分類できよう：(1) 分離不定詞とは何かについて知りもしないし，そんなことはどうでもよいと思っている者ども；(2) 知りはしないが大いに気になる者たち：(3) 何であるかを知っていて非難する者たち；(4) 何であるかを知っていて容認する者たち；(5) 何であるかを知っていて使い分けをする人々...。大多数を占めるのは (1) の部類の者たちで，少数派の人たちから羨ましがられる幸せな人たちである）(s.v. SPLIT INFINITIVE)［同

書の初版は 1926 年発行。その後，本人もしくは他人の手になる修正を加えて，2004 年には四訂版が出ている。2009 年に初版本が復刻されたことをみても，一部の懐古趣味的な人々の人気を保っていると言える]

6. 仮定法によらない丁寧表現 (p. 163, 脚注 1)

6.1. 過去時制によって

(1) a. "*Did* you want me?"—"Yes, I *hoped* you could help me clean up this mess."
(「私にご用がありましたか」「ええ，この散らかしたあとを片づけるのを手伝って頂けるかと思いまして」)

b. "*Do* you want me?"—"Yes, I *hope* you can help me clean up this mess."
(「私に用がありますか」「ええ，この散らかしたあとを片づけるのを手伝ってもらいたいんだ」) (以上，Declerck (1991: 356))

(2) a. I *thought* you *might* like some flowers.　　(Swan (1980))
(花などお好きかと思いまして)

b. Actually I *wanted* to check if there*'s* a twenty-past-five train.　　(Carter and McCarthy (2006))
(実は 5 時 20 分発の列車があるのか確かめたいと思いまして)

(1a) では，話者は自分の望みを過去のこととして述べることにより，必ずしもその望みに固執していないこと，つまり聴き手の都合によってはいつでもその望みを断念する用意があることを暗示している。(1b) のほうは，いくぶん強要する感じがあり，断るなら礼を失することになるかも知れない表現である。また，第 1 話者の did を用いた表現のほうが do を用いた場合よりも，'more tentative, and therefore more polite（原著者）である。この用法で用いられる動詞は限られている (hope, look for, think, want, wonder, etc.)。

6.2. 進行形によって

(1) a. I *hope* you'll consider our offer seriously.
    （当方の提案を真剣に考えてください）
   b. I'*m hoping* you'll consider our offer seriously.
    （当方の提案を真剣にお考えいただければと存じます）

    （以上，Declerck (1991: 173)）

   c. I *was hoping* we could have dinner together. (ibid.: 356)
    （食事をご一緒できればと思っているのですが）
   d. What *were* you *wanting*? (Leech (1971: §43))
    （何をお求めでしたか？）
    cf. He is a bit *wanting*. (K)
    （あいつは少し足りない）［wanting は形容詞］

(1b) の進行形は，行為の途中にあることを示すので，話者のほうは自分の望みが最終的なものではない，ということを暗に伝える。つまりは，聞き手の側に，丁重に断る余地が十分に残されているということになる。他方，(1a) のほうは，自分の望みを主張する点で (1b) よりもはるかに強く，実際には，'I reckon on you to consider …'（そちらが考慮することをあてにする）と言っているに等しい。(1c) は，話者が発話時の望みに固執していないという過去時制の効果に加え，進行形は永続的なものではなく，過ぎ去っていく一時的な気持ちであることを表すので，丁寧度はいっそう高まる (Declerck (1991: 173, 356))。(1d) については，日本語でも店員が客に向かって尋ねるとき，「何をお探しですか」よりは，「何をお探

しでしたか」と言うほうが多いようである。丁重であることを示す手段は，動詞表現に限ったことではないことは言うまでもない。

7. 非実現を表す完了不定詞 (p. 166, 脚注 2)

意図・希望・期待などを表す動詞 (expect, hope, intend, mean, want, etc.) の過去時制と完了不定詞が共起すると，その意図等が実現しなかったことを表す。この完了不定詞を Jespersen (1933a: §24.5$_1$) は想像の完了不定詞 (perfect infinitive of imagination) と呼ぶ。上記の種類の動詞が過去完了時制で用いられた場合も，意図等が実現しなかったことを表す。

(1) a. I *intended to take* these books back to the library.

　　　（本を図書館に返すつもりだった）［返却したかどうかは不明］

　b. I *intended to have taken* these books back to the library.

(R 大)

　　　（本を図書館に返すつもりだったのだが（返さなかった））

　c. I *had intended to take* these books back to the library.

(R 大)

　　　（同上）［この形式がよく使われるようである］

　d. I *had intended to have sent* it a month ago, but did not.

(Jespersen (1933a))

　　　（それを 1 か月前に送るつもりだったが，果たせなかった）［非実現を表す形式を 2 重に用いている］

いま問題にしている動詞の［過去完了＋to 不定詞］は，過去における非実現ばかりでなく，現在・未来における非実現も表すことができる。

(2) a. I *had hoped to go* [*to have gone*] abroad next summer.
   （来年の夏には外国に行けると思ったのに）[but I won't be able to を示唆]

   b. They *hadn't meant to offend* [*to have offended*] anybody.
   （誰の気分も害するつもりはなかったのだが）[but they did/do/will（害してしまった／害している／害するだろう），の解釈が可能]

   c. I *had intended* [**would have intended*] to attend yesterday's [tonight's] meeting.
   （昨日[今夜]の会合に出るつもりだったのだが）

   (以上，Declerck (1991: §12.2.2))

冒頭に挙げたもの以外の動詞（like, hate, prefer, love）にも，〈would have ~en〉の形で非実現を表す用法がある。would はすべての人称で用いることができるが，should は1人称でしか用いられない。(2c) に次いで，(3a) が最も普通の言い方である。

(3) a. I *would have liked* to attend yesterday's [tonight's] meeting.
   （昨日の[今夜の]会合には出たかったのですが）[非実現]

   b. I *would like to have attended* yesterday's [tonight's] meeting. （同上）[同上]

   c. I *would have liked to have attended* yesterday's [tonight's] meeting. （同上）[同上]

   (以上，Declerck (1991))

引用・参考文献

A. 辞 書

The American Heritage Dictionary of the English Language, Houghton Mifflin Company, 2000. (AHD)

Collins English Dictionary—Complete and Unabridged Online, Harper-Collins Publishers, 2003. (CED)

Longman Dictionary of Contemporary English Online, Longman Group Limited, 2012. (LDCE)

Longman Dictionary of the English Language, Longman Group Limited, 1985. (LDEL)

Longman Dictionary of Phrasal Verbs, Longman Group Limited, 1983. (LDPV)

Oxford Advanced Learner's Dictionary, Oxford University Press, 2005. (OALD)

Oxford Dictionary of English, Oxford University Press, 2003. (ODE)

The Concise Oxford Dictionary of Current English, Oxford University Press, 1956. (COD)

The New Oxford American Dictionary (2nd ed.), Oxford University Press, 2005. (NOAD)

Webster's New World Dictionary of the American Language (col. ed.), The World Publishing Company, 1962. (WNWD)

福原麟太郎(編) (1961)『英語教育事典』研究社, 東京.

市河三喜(編) (1953)『研究社英語学辞典』研究社, 東京.

市川繁治郎ほか(編) (1995)『新編英和活用大辞典』研究社, 東京. (K)

井上義昌(編) (1967)『詳解英文法辞典』開拓社, 東京.

石橋幸太郎(編) (1973)『現代英語学辞典』成美堂, 東京.

Jones, Daniel (1956) *English Pronouncing Dictionary* (11th ed.), J. M. Dent & Sons, London.

大塚高信・吉川美夫・河村重治郎(編) (1964)『カレッジクラウン英和辞典』三省堂, 東京. (CR)

大塚高信・中島文雄(編) (1983)『新英語学辞典』研究社, 東京.
大塚高信・小林清一・安藤貞雄(編) (1986)『新クラウン英語熟語辞典』三省堂, 東京.
大塚高信・高瀬省三(編) (1989)『英語諺辞典』三省堂, 東京.
北原保雄(編) (2002)『明鏡国語辞典』大修館書店, 東京. (明鏡)
小稲義男(編) (1984)『研究社新英和大辞典』研究社, 東京. (K 大)
小西友七(編) (1980)『英語基本動詞辞典』研究社, 東京.
小西友七・南出康世(編) (2001)『ジーニアス英和大辞典』大修館書店, 東京. (G 大)
齋藤秀三郎 (1937)『熟語本位英和中辞典』岩波書店, 東京. (齋藤)
佐々木達・木原研三・福村虎治郎(編) (1983)『グローバル英和辞典』三省堂, 東京. (GL)
小学館ランダムハウス英和大辞典編集委員会(編) (初版, 1979; 第 2 版, 1994)『ランダムハウス英和大辞典』小学館, 東京. (R 大)
田桐大澄(編) (1970)『英語正用法辞典』研究社, 東京.
松田徳一郎・東信行ほか(編) (1999)『リーダーズ英和辞典』(第 2 版) 研究社, 東京. (R)
渡邉敏郎・E. Skrzypczak・P. Snowden(編) (2003)『新和英大辞典』研究社, 東京. (J)
安井稔(編) (1987)『例解・現代英文法事典』大修館書店, 東京. (安井[1])
安井稔(編) (1996)『コンサイス英文法辞典』三省堂, 東京. (安井[2])

B. 著 書

Allen, W. Stannard (1969) *Living English Speech: Stress and Intonation Practice for the Foreign Student*, Longmans, London.

Allsop, Jake (1983) *Cassell's Students' English Grammar Exercises*, Cassell Publishers Limited, Eastbourne.

Allsop, Jake (1987) *Cassell's Students' English Grammar*, Cassell Publishers Limited, Eastbourne.

安藤貞雄 (2005)『現代英文法講義』開拓社, 東京.

荒木一雄・小野経男・中野弘三 (1977)『助動詞』(現代の英文法第 9 巻) 研究社, 東京.

浅川照夫・鎌田精三郎 (1986)『助動詞』(新英文法選書 4) 大修館書店, 東京.

Blake, N. F. (1988) *Traditional English Grammar and Beyond*, Macmillan, London.
Bolitho, Rod and Brian Tomlinson (1988) *Discover English*, Heinemann International Publishing, Oxford.
Bradley, Henry (1904) *The Making of English*, Macmillan, London.［同上リプリント版 (1957)（大塚高信注釈）成美堂，東京］
Carter, Ronald and Michael McCarthy (2006) *Cambridge Grammar of English: A Comprehensive Guide*, Cambridge University Press, Cambridge.
Celce-Murcia, Marianne and Diane Larsen-Freeman (1983) *The Grammar Book: An ESL/EFL Teacher's Course*, Newbury House Publishers, Rowley, MA.
Chalker, Sylvia (1984) *Current English Grammar*, Macmillan, London.
Close, R. A. (1975) *A Reference Grammar for Students of English*, Longman, London.
Close, R. A. (1981) *English as a Foreign Language*, George Allen & Unwin, London.
Declerck, Renaat (1991) *A Comprehensive Descriptive Grammar of English*, Kaitakusha, Tokyo.
Declerck, Renaat (1994) *English Exercises* (accompanying the *Comprehensive Descriptive Grammar of English*), Kaitakusha, Tokyo.［上記 Declerck (1991) の別冊練習問題集］
江川泰一郎 (1968)『文の転換』(英語の語法・表現編 11) 研究社，東京．
江川泰一郎 (1991)『英文法解説』(改訂三版) 金子書房，東京．
Fowler, H. W. (1957) *A Dictionary of Modern English Usage*, Oxford University Press, Oxford.［初版は 1926 年］
福原麟太郎 (1959)『英語の感覚』(英語科ハンドブックス第 5 巻) 研究社，東京．
原沢正喜 (1957)『現代口語文法』(現代英文法講座 7) 研究社，東京．
原沢正喜 (1980)『現代英語の用法大成』大修館書店，東京．
Hirst, Graeme (1987) *Semantic Interpretation and the Resolution of Ambiguity* (*Studies in Natural Language Processing*), Cambridge University Press, Cambridge.
Hornby, A. S. (1956) *A Guide to Patterns and Usage in English*, Kenkyu-

sha, Tokyo.

細江逸記 (1926)『英文法汎論』泰文堂, 東京.

細江逸記 (1932)『動詞時制の研究』泰文堂, 東京.

細江逸記 (1933)『動詞叙法の研究』泰文堂, 東京.

Huddleston, Rodney (1988) *English Grammar: An Outline*, Cambridge University Press, Cambridge.

Hughes, Glyn S. (1983) *A Handbook of Classroom English*, Oxford University Press, Oxford.

Hurford, James R. and Brendan Heasley (1983) *Semantics: A Coursebook*, Cambridge University Press, Cambridge.

市河三喜 (編) (1958)『古代中世英語初歩』研究社, 東京.

池田義一郎 (1967)『否定・疑問・強意・感情の表現』(英語の語法・表現編 6) 研究社, 東京.

Imai, Kunihiko, Heizo Nakajima, Shigeo Tonoike and Christopher D. Tancredi (1995) *Essentials of Modern English Grammar*, Kenkyusha, Tokyo.

伊藤健三 (1968)『心態の表現』(英語の語法・表現編 5) 研究社, 東京.

伊藤裕道 (2002)「「仮定法」の英文法教育史 —— 文法事項の史的検討 (5) ——」『日本英語教育史研究』第 17 号, 日本英語教育史学会.

Jespersen, Otto (1924) *The Philosophy of Grammar*, George Allen & Unwin Ltd, London. [1951 年版使用]

Jespersen, Otto (1954) *A Modern English Grammar on Historical Principles* (vols III, IV, V), George Allen & Unwin, London. (MEG)

Jespersen, Otto (1933a) *Essentials of English Grammar*, George Allen & Unwin Ltd, London. [1956 年版使用]

Jespersen, Otto (1933b) *The System of Grammar*, George Allen & Unwin Ltd, London.

柏野健次・内木場努 (1991)『コーパス英文法』開拓社, 東京.

Kurdyla, Francis J. (1986) *Dictionary of Proven Business Letters*, Asahi Press, Tokyo.

Leech, Geoffrey N. (1971) *Meaning and the English Verb*, Longman, Harlow.

Leech, Geoffrey N. (1992) *Introducing English Grammar*, Penguin Books, London.

引用・参考文献　　197

Lewis, Michael (1986) *The English Verb*, Language Teaching Publications, Hove.

Marquez, E. J. and J. D. Bowen (1983) *English Usage*, Newbury House Publishers, New York.

Matreyek, Walter (1983) *Communicating in English* (Vols 1–3), Pergamon Press, New York.

宮内秀雄 (1955)『法・助動詞』(「英文法シリーズ」第 13 巻) 研究社, 東京.

中島文雄 (1955)『文法の原理』研究社, 東京.

中島文雄 (1980)『英語の構造』(上・下) 岩波書店, 東京.

永嶋大典 (1985)『英米の辞書案内』研究社, 東京.

中野清治 (2014)『英語の法助動詞』開拓社, 東京.

西尾考(編著) (1984)『実戦英文法活用事典』日本英語教育協会, 東京.

野村忠央 (2007)「英語教育における仮定法教育の問題点」『立命館言語文化研究』18 巻 4 号所収, 立命館大学国際言語文化研究所.

大江三郎 (1983)『動詞 II』(講座・学校英文法の基礎第 5 巻) 研究社, 東京.

Onions, C. T. and B. D. H. Miller (1971) *Modern English Syntax*, Routledge and Kegan Paul, London and Henley. [これは名著の誉れ高い Onions, C. T. (1904) *An Advanced English Syntax*, Routledge & Kegan Paul, London. に Miller が改訂を施したものである]

小沢準作・金子稔 (1967)『時のあらわし方・様態の表現』(英語の語法・表現編 4) 研究社, 東京.

Palmer, F. R. (1979) *Modality and the English Modals*, Longman, London.

Palmer, H. E. and F. G. Blandford (1969) *A Grammar of Spoken English: On a Strictly Phonetic Basis*, 2nd ed., Maruzen, Tokyo.

Perkins, M. R. (1983) *Modal Expressions in English*. Francis Pinter, London.

Quirk, Randolf, Sidney Greenbaum, Geoffrey Leech and Jan Svartvik (1985) *A Comprehensive Grammar of the English Language*, Longman, London.

Saito, Hidesaburō (1902) *Higher English Lessons*, Kōbunsha, Tokyo. (齋藤) [本書で使用したのは上記 (興文社版) の復刻版 (1982, 名著普及

会) である]

Sinclair, John (ed.) (1990) *Collins COBUILD English Grammar*, William Collins Sons & Co. Ltd., London.

Stuart, Jeb and David Twohy (1995) *The Fugitive* (screenplay), Screenplay Publishing Co., Nagoya. (Fug.)

Swan, Michael (1980) *Practical English Usage*, Oxford University Press, Oxford.

Thomson, A. J. and A. V. Martinet (1988) *A Practical English Grammar*, Oxford University Press, Oxford.

渡辺藤一 (1958)『前置詞・接続詞・間投詞』(現代英文法講座 5) 研究社, 東京

山崎貞 (1957)『新々英文解釈研究』研究社, 東京.

安井稔・中右実・西山佑司・中村捷・山梨正明 (1983)『意味論』大修館書店, 東京.

吉川美夫 (1957)『新英文解釈法』文建書房, 東京.

Yule, George (1985) *The Study of Language*, Cambridge University Press, Cambridge.

Zandvoort, R. W. and J. A. van Ek (1975) *A Handbook of English Grammar*, Longmans, London. [Maruzen, Tokyo]

索　　引

1. 見出し語は ABC 順に分け，それぞれの項で日本語・英語の順に並べた。日本語は五十音順に，英語は ABC の順に並べた。
2. 数字はページ数字を示す。ただし，ドット付き数字は節番号を示す。
3. f.＝次のページ，ff.＝次のページ以降，fn.＝脚注，を意味する。'～' は見出し語を表す。

[A]

曖昧　（法の～）85，（代名詞の指示に関し）102，（発話時点に関し）120
アラビア語　47fn.
acausal condition　53
accusative case　104fn.
adjunct　8
afterthought　66f.
American Subjunctive　100
ampersand　187
apodosis　2f.
aposiopesis　64
as if　145ff., 186,（～を含む慣用表現）147,（～の由来）13.2.1 NB,（叙実法と共起）148f.,（～節内の法助動詞）13.2.3
as it were　（起源）115
as long as　2.2.1
assuming (that)　2.2.2

[B]

描出話法　138, 173
分詞構文　13, 15
文体離接詞　8
分離不定詞　187
backshift　45, 175
be going to　32f.
be it ever so　90, 105
be nothing if not　56
but　（関係代名詞）132
but for　48, 154

[C]

can　（提案）65
cause＝because　128
closed condition　8f., 27, 35, 50
come what will　105
composite subjunctive　87
compulsory mood　184
condition　（定義）3

199

conditional clause 3
conditional sentence 2
could have ~en 14, 60, 119, 155f., (if 節の中で)61, 92, (might have ~en との違い)117, (would have been able to ~ との違い)173, (I wish と共起)121, 139, 143, 173, (未来指示)123, (非難)169
counterfactual 3, 10, 44, 47, 93
counterfactual conditions 8

[D]

大過去 146, 182
伝達内容 81fn.
ドイツ語 5, 81fn.
同格の名詞節 99
動作動詞 49, 52, 91, (were to との共起)114, (wish の補文で)141
動詞句 (VP) 4, 27, 79, 86f.
動態 (be = become) 141
同等比較 145
動名詞 156f.
独立文 80, 169
'd sooner (had / would sooner) 115
dative case 104
deontic use 92fn.
diachronic 87
diacritical mark 187
diffidence 83
diffident (定義)165
direct condition 6, 55

[E]

遠隔時制 168
婉曲時制 126
遠慮 76, 83, 96, 162, 165, 169
emotional *should* 106, 168
epistemic use 92fn.

[F]

付加疑問 167
不確実(性) 37, 85, 102, 109, 113, 130
付加詞 8
複合仮定法 87
副詞類 (～の位置)98
付属法 82f.
不定詞 84, 183f., 190, (潜在条件) 14, 156
フランス語 5, 97, 104
Fact Mood 81
factual 3, 7fn., 50, 93
factual condition 6, 35
factuality 46
falling intonation 7.4
falling-rising intonation 7.4
Far be it from me to 104
formulaic subjunctive 105
frame of reference 4
function 162
future hypothetical conditions 8

[G]

蓋然性 73, 92fn., 113, 131

含意(する)　5f., 18, 33, 40, 52, 67, 100, 114, 143f., 146, 167
願望仮定法　105
願望文　143
願望法　184
擬古体　83, 102
疑似条件　31, 57
疑似法助動詞　113
義務的用法　92fn.
ギリシャ語　71, 82
群接続詞　13, 147
原形仮定法　7, 19, 36, 43, 84fn., 85, 90, 115, (〜の5つの用法)96ff., (目的語を表す節)102, (間接話法で)171f.
原形不定詞　6
言語的文脈　46
現在完了　(未来完了の代わり)39, (確認的断言)30, 179ff., (〜仮定法と見なせる例)119f., 130
現在形法助動詞　32, 183
現在時　(〜を表す過去完了仮定法)11.3.2, 12.2.2, 12.3
現在分詞　47fn., 157, (〜節) 41
現実条件　27
現実的可能性　(⇔仮想的可能性) 45
語形変化　71
語用論(的)　142
generic noun　159
given that　2.2.3
God bless you　(〜の間接話法) 172
gradient　77, 177
granted (that)　2.2.4

granting (that)　2.2.4
group conjunction　13

[H]

発音記号　14fn.
発音区別符号　187
発話時(点)　34, 86, 107, 120, 162, 173, 176, 189
反事実　3, 9f., 12, 23, 36, 42, 44, 47f., 49f., 52, 60f., 76fn., 86f., 91ff., 108, 117, 120, 131, 145f., 149, 171, 173, 175
反実仮定　126
非因果条件　7, 32, 53f.
非現実(性)　117, 124, 183
非事実(性[的])　3, 9f., 12, 23, 28, 35, 38, 46, 49f., 52, 60, 67, 73, 86, 91, 93, 108f., 136, 146, 171
非実現　7, 35, 52, 91, 123, 166fn., (完了不定詞)156, 190f.
非進行相　44
否定辞　(〜の位置)98
否定文　(頓絶法のif節で)64, (有標)73
被伝達部　171
非難　83, 162, 167, 169
非人称主語　40
閉鎖条件　4, 9, 27, 29, 31, 34, 36, 110
平叙文　(〜の並置)25, (遂行文として)33, (無標)73
並置　25
法　4, 70, 182, 184, (〜の混在)15, 32, 132f.

法助動詞　5, 37f., 71, 74, 89, 92fn., 145, 149, 162, 166, 168, 183f., (if 節の中の〜) 59ff.
法性　71f., 73f., 75, 86, 166, (〜の表現手段) 74, (時制に優先) 171, 176
法的時制　76fn., 143
法副詞　73, 75, 166
本動詞　63, 92fn., 119, 135, 144
had better　13, 37, 102, (使用頻度) 116
had ~en　(帰結節の過去完了仮定法) 82, 118
had it not been for　63, 116
hedge　164
hypothetical condition　7f., 8fn., 10, 50
hypothetical past　7, 159, 175
hypothetical past perfective　7, 159, 175
hypothetical possibility　44
hypothetical verb　152
hypothetical verb forms　144
hysteron proteron　152

[I]

因果関係　3, 37, 53, 55, 57
if 節　(閉鎖条件) 27ff., (開放条件) 37ff. (却下条件) 48ff., (〜を用いない条件節) 62f., (独立節として) 64, (譲歩節) 31, 40f., (原形仮定法の〜) 103f.
idiolect　66fn.
if and only if　18

if I were you　108, 160f.
if need be　103, 172
if only　(仮定法) 16f., 140, 144, (叙実法) 16, 144
if ... should　(〜の帰結節の法) 111ff.
if ... were to　112ff.
if you please　(you の格) 104NB
iff　18
imaginative past　151
imaginative perfect infinitive　156
imaginative use of tenses　76
imagine　(仮定法) 18
imperative　(語義) 99
imperative mood　71f.
implicit condition　154
improbability　113
in case　(非因果条件) 54
indicative mood　71, 76, 81, 81fn.
indirect condition　7, 53fn.
indirect speech act　161
~ing participle clause　41
insist　(補文の法による意味の違い) 98
IPA　187
Irish bull　118
it's time　151f., (過去時制) 177

[J]

時間領域　5, 27, 36, 43, 116, 137-8, 145
軸時制　131, 145f., 171
事実　3, 11, 30, 49f., 86fn. 93
事実性　3f., 46, 52, 96, 119, 136

時制　(条件節の～)11
時制の一致　48, 83, 171, 176f.
時制の想像用法　6, 76
時制法　74
実現性[度]　52, 96, 109f., 120, 124
従節仮定法　12, 36fn., 74, 79, 82, 89, 135, 143, (主節仮定法と照応のずれ)12.1, (～の過去形が過去完了仮定法に相当)12.2.1
授与動詞　104fn.
準動詞　14.2
準否定辞　56
上位概念　74
条件　3
条件節　2, 7, 9, 2.1f., 27, 30f., 34f., 40f., 43ff., 50, 53f. 57, 59ff., 79, 86f., 92f., 113, 125, 127ff., (定義) 3, (～の分類)1.3.1, (～の後置) 66f., 127
条件文　2f., 7, 11, 46, 57, 67, 89, 125, 135, (英文定義)2, (叙実法と仮定法の混在)12.4
上昇調　65f.
状態動詞　48f., 114, 119, 126, 141
譲歩　16, 22, 31, 56, 148
譲歩節　41, 65fn., (音調)66, (原形仮定法)101, (用いられる法)114
除外条件　41
叙実法　4ff., 7, 9, 12f., 14, 17f., 20ff,, 27, 31f., 35f., 43, 51, 60, 62, 67, 71f., 74, 76, 79, 81ff., 81fn., 90, 107, 110, 114, 119, 137f., 142, 145, 147fn., 148f., 155, 157
叙想法　71, 80ff., 81fn., 83, 162
叙法　70, 72, 74, 81, (英文定義) 70f., (日本語の定義)71
just now　(意味)119
juxtaposition　25

[K]

開放条件　27, 31, 33ff., 37ff., 40f., 43, 45, 52, 91, 93, 111, (定義)35, (叙実法による～)4.1, (仮定法による～)4.2, 91
確認的断言　30, 179ff.
下降上昇調　65, 67
下降調　65f.
過去仮定法　4, 8ff., 12, 14, 17, 21, 23, 26, 32f., 36, 44, 47, 60, 76, 84fn., 85f., 90, 105ff., 116, 120, 129, 185, (現在の反事実)91, 107f., (非事実)44, 109f., (過去の事柄)11.2.1, (～の間接話法)175
過去完了　(～時制)11, (確認的断言の～)182
過去完了仮定法　4, 8, 12, 17, 22, 24, 26, 36, 45f., 60f. 76, 84fn., 85ff., 149, 155, 174f., 184f., (if節の中で)7.1(3), (未来の事柄) 11.3.3-5, (現在完了に相当)119f., (関係詞節の中)169, (～の間接話法)174f.
過去形法助動詞　6, 45, 71, 75, 79, 86f., 107, 128, 162, (if節の中で) 59ff.
過去時　(～を表す過去仮定法) 11.2.1
過去時制　11, (想像用法の～)76, (丁寧表現の～)188

過去条件法　186
過去分詞　157
仮説法　83
仮想条件　50f., 77
仮想的可能性　44f.
仮想形動詞　152
仮想法　83
仮定法　2, 5ff., 11, 14, 18, 20, 27, 36, 52, 60, 62, 67, 70ff., 74f., 79f., 83, 89, 105f., 110, 114, 124, 142, 147f., 163fn., 171, 183f., (叙実法との混在)15, 30, 32, 12.4, (定義)79, (古英語の例)80, (〜の呼称)83
仮定法相当語　114f., 134
仮定法未来　39f., 85
可能法　184
関係詞節　155, (潜在条件の機能を持つ〜)157ff., (〜の中の仮定法)169
緩衝的表現　164
間接条件　53
間接発話行為　108, 161
間接命令　105
間接話法　171, 174ff.
感嘆文　5, 64
慣用句　64, 102, 115
慣用表現　48, 55f., 96, 103, 104f., 147
完了アスペクト　87
完了不定詞　6, 166fn., (想像の〜)156, 190
緩和語句［表現］　165f., 177
気後れ　83, 166, 169
祈願文　100, (受動態の〜)101, 172, (間接話法への転換)16.1
祈願法　100
帰結節　2, 5, 27ff., 36, 40f., 45, 53ff., 59, 64, 79, 86f., 93, 112, 122, 125, 140, 153
脚韻　131, 160
却下条件　41f., 44, (過去仮定法による〜)47, 47fn., 91, (過去完了仮定法による〜)49
共時的　87
強勢　45, 65, 134, 143, 167
強制法　184
欽定訳聖書　25, 87
屈折形　71, 74, 79
屈折変化　75, 85f.
形容詞句　(潜在条件)158
牽引　9
後置　(supposing 節の〜)22, (if 節の〜)66, 127
後方転移　175
古英語　80, 85fn.
国際音標文字　187
根源的用法　92fn.
KJV　39, 87, 103

[L]

lest　102
level of formality　96
linguistic context　46

[M]

未来完了　(〜の代わりをする現在完了)39, (〜仮定法と見なせる

例)11.3.3, (確認的断言)180
未来時　33, 44f., (〜を表す過去仮定法)110f., (〜を表す過去完了仮定法)120f., 123
未来指標辞　38, 40, 142
未来性　38
無標　73, 85
名詞句 + and　(仮定法)25f.
命題　7, 13, 72, 101, 110, (英文定義)3, (〜の事実性)4
命題実現　7, 148
命題成立　124
命令仮定法　97
命令文　5, 12, 23ff., 33, 37, 101
命令法　62, 72
命令法 + and [or]　2.2.12
mandative subjunctive　97
marked　73, 86
May you succeed. (〜の間接話法)172
mental inertia　177
might　(if を省略した倒置)63, (要求・提案・非難など)167
might have ~en　49, 117, 155, 159, (if 節の中で)60f, (経験の推量)130, (though 節の中で)133, (非難・不満)167
modal　(定義)72
modal adverb　75
modal auxiliaries　5
modal pluperfect　74
modal preterite　74
modal tenses　76fn.
modality　71, 74, (定義)72f.
mode　70

mood　72, 74, 81, (定義2種)70f., 182

[N]

認識様態的用法　92fn.
not の位置　98f.
neutral tense　124
nonfactual　3, 35, 93, 136
nonmodal　72

[O]

音調　65ff., (譲歩節の〜)66
音調記号　14fn., 65
of　(have の代わり)128
Oh that　144f.
on (the) condition that　(用いられる「法」)19
once　(叙実法)20, (仮定法)20
only if　17f.
open condition　5ff., 8f., 35
optative mood　100, 184
optative sentence　100
optative subjunctive　105
otherwise　155f.

[P]

パラフレーズ　25, 34, 48, 58, 61, 117
P 用法　60f., 104, 117, 150, (定義)92fn.
past modal　7
past perfect subjunctive　4, 84

past perfective modal 7
past subjunctive 4, 7, 84
Perfect Aspect 88
perfect infinitive of imagination 156, 190
performative 33
periphrastic subjunctive 89
pluperfect of imagination 131
polite （定義）164
potential mood 184
PP 154, 158
predictable 52
present subjunctive 7
proposition （定義）3
protasis 2f.
provided 20f., （仮定法の文で）21
providing 20f.
pseudo-condition 57

[Q]

Q, if P 40

[R]

ラテン語 45, 71, 82, 97
連結語 25
連鎖関係詞節 159, 169
R 用法 38, 60f., 150, （定義）92fn.
real condition 35fn.
real conditionals 27
reference time 6, 50
rejected condition 5ff., 9, 35, 47, 47fn., 50
rejecting condition 47fn.
relate 114
remote tense 168
represented speech 173
reproach （定義）167
reserved （定義）165
rhetorical condition 7, 55
rhetorical conditional clause 55
rhyme 160
rising intonation 65
root subjunctive 84
root use 92fn.
RT (reference time) 27, 33, 50, 116fn., 120f., 127, 136, 177, （日本語「たら」の〜）124
roundabout （定義）165

[S]

査定 92fn., 134
指示時 6, 27, 49f., 74, 116fn., 124, 128, 135f., 175
尺度表現 55
修辞疑問 48
修辞条件 8, 55, 64, （〜節）64
縮約形 62
主節仮定法 36fn., 79, 87, 89, 135
照応 （表現形式の〜）27, 93, 118, 120, 125, 129, 134f., （時制の〜）159, 171, 177
使用頻度 41, (provided / providing) 21, (if ... were to / if ... should) 113, (I suppose / I guess) 116
進行アスペクト 123
真偽 3, 36, 81fn., （条件文の〜）4

進行形（丁寧）189
心的態度　31, 71f., 162, 164ff., 168, 183
心的惰性　171, 177
遂行文　33
接続法　83
潜在条件　14, 59, 61, 112, 154, 157ff., 162, 169
総称名詞　38, 159
想像の過去完了　131
想像の過去時制　151
想像の完了不定詞　156, 190
S will … if it will …　39f.
say　（＝if：仮定法）21
sequence of tenses　171
shall　（if 節の中の）33, 113
should　186,（tentative ~）8,（If I were you の帰結節で）160
simple conjunction　13
So be it　105
softener　165f.
split infinitive　187
stress　65
style disjunct　8
subjunctive　5,（〜の語源）82
subjunctive equivalent　114
Subjunctive Future　（三つの形式）113
subjunctive mood　71f., 76, 81fn.
Suffice it to say　104
suppose　（仮定法の文で）23,（独立節として）7.3(2)
supposing　（仮定法の文で）22,（独立節として）7.3(3)
supposition　114

suppressed condition　112, 154
synchronic　87

[T]

対格　104fn.
ためらい　83, 96, 162, 166
単一接続詞　13
中立時制　124
直説法　71, 81fn., 183
通時的　87
提案　23, 65, 97, 162, 167
定式仮定法　105
丁寧（表現）　13, 40, 61, 96, 104, 126, 162, 163fn., 164, 169, 188f.
倒置（表現）　18, 21, 48, 62ff., 90, 112
頓絶法　64
to 不定詞　156, 190
tense-mood　74, 82
tentative　（定義）166
tentative should　8
than if 節　152f.
that 節　（〜内で原形仮定法を要求する動詞）97f.,（〜内で原形仮定法を要求する名詞）99,（〜内で原形仮定法を要求する形容詞）99
theoretical condition　6
Thought Mood　81

[U]

迂言仮定法　87, 89, 92, 113, 130, 143, 162, 169,（条件節の中で）59ff.,（主節の中で2種の〜）130

UK 49
uncertainty 113
undertone 67
unless （三つの時間領域）43, (非因果条件)6.1(3), (仮定法と共起)12.4(2c)
unmarked 73

[V]

verb-group 183
verb phrase 4
volition 142
VP（動詞句） 4, 79, 134

[W]

was （法的過去＝仮定法）48, (wish の補文で)138, (as if の補文で)145f., 149
were 130, (非事実)10, (反事実)10
were-subjunctive 7
Why [How] should …? 168
will （意欲・意志）13, 38, (固執) 32, (＝can)38, (本動詞の〜)104
will have ~en 12
willingness 142
wish （補文に that を伴う例）140, (未来の願望)141, (不満を表す)142ff., (could ~)165, (描出話法)173
would （固執・頑固）28, (if 節の中)28, 60f., (if 節の中で不満)142f.
would of ~en 128
would that 144

[Y]

有生主語 142
有標 73, 86, 134, 137
与格 104
与格動詞 104fn.

[Z]

前後倒置 152
前提 3, 13, 15, 27, 54, 122, 136, 147, (〜節)36, (〜条件)53

中野　清治　（なかの　きよはる）

1936年，富山県生まれ。富山大学文理学部文学科卒，出版社勤務の後，公立学校教諭，富山商船高専助教授を経て国立高岡短期大学（現在，富山大学芸術文化学部）助教授，同教授，同名誉教授。

著書：『王様とタカ』(共著)，『ブレーメンの音楽隊』(共著)，『親ゆびトム』(共著)，『わらしべ長者』(共著)，『パイプスじいさん』(以上，学生社)，『英語ジョーク快読のススメ——ジョークがわかれば，言葉も文化もわかる——』，『学校英文法プラス——英語のより正確な理解に迫る——』，『英語の法助動詞』(以上，開拓社)，『英語聖書の修辞法と慣用句』（英宝社）など。

英語仮定法を洗い直す　　＜開拓社　言語・文化選書64＞

2016年10月21日　第1版第1刷発行

著作者　　中野　清治
発行者　　武村　哲司
印刷所　　日之出印刷株式会社

発行所　　株式会社　開拓社
〒113-0023　東京都文京区向丘1-5-2
電話　(03) 5842-8900（代表）
振替　00160-8-39587
http://www.kaitakusha.co.jp

© 2016 Kiyoharu Nakano　　ISBN978-4-7589-2564-8　C1382

JCOPY　＜(社)出版者著作権管理機構　委託出版物＞
本書の無断複写は著作権法上での例外を除き禁じられています。複写される場合は，そのつど事前に，(社)出版者著作権管理機構（電話 03-3513-6969, FAX 03-3513-6979, e-mail: info@jcopy.or.jp）の許諾を受けてください。